## 법륜法輪

법륜 스님은 평화와 화해의 메시지를 전하는 평화운동가이자 제3세계를 지원하는 활동가이며 인류의 문명전환을 실현해 가는 사상가, 깨어있는 수행자이다. 1988년, 괴로움이 없고 자유로운 사람, 이웃과 세상에 보탬이 되는 보살의 삶을 서원으로 한 수행공동체(정토회)를 설립해 수행자들과 함께 생활하고 있다.

법륜 스님의 법문은 쉽고 명쾌하다. 언제나 현대인의 눈높이에 맞추어 깨달음과 수행을 이야기 한다. 법륜 스님의 말과 글은 빙 돌려 말하지 않고 군더더기 없이 근본을 직시한다. 밖을 향해 있는 우리의 시선을 안으로 돌이킨다. 어렵고 난해한 경전 역시 법륜 스님을 만나면 스님의 지혜와 직관, 통찰의 힘으로 살아 숨쉬는 가르침이 된다.

지은 책으로는 직장인을 위한 〈행복한 출근길〉, 즐거운 가정을 위한 법문집 〈날마다 웃는집〉, 부처님의 교화사례 〈붓다, 나를 흔들다〉, 〈붓다에게 물들다〉, 대승불교를 대표하는 경전인 〈금강경 강의〉, 불교입문서 〈실천적 불교사상〉, 부처님의 일생을 다룬 〈인간 붓다〉, 즉문즉설 시리즈 〈답답하면 물어라〉, 〈스님 마음이 불편해요〉, 〈행복하기 행복전하기〉, 수행 지침서 〈기도_내려놓기〉, 젊은이들에게 꾸준히 사랑받고 있는 〈스님의 주례사〉, 자녀 교육의 마음 지침서 〈엄마수업〉, 현대인의 삶의 지침서 〈인생수업〉, 청춘들을 위로하는 〈방황해도 괜찮아〉, 한반도의 평화와 통일의 비전을 제시하는 〈새로운 100년〉 등이 있다.

2000년 만해상 포교상(좋은벗들), 2002년 라몬 막사이사이상, 2007년 민족화해상, 2011년 포스코 청암봉사상, 통일문화대상 등을 수상했다.

## 깨달음 내 눈 뜨기

초판 1쇄 | 2012년 2월 15일
초판 32쇄 | 2024년 8월 30일

지은이 | 법륜

펴낸이 | 김정숙
편집 | 김인경 박애란 임원영 임혜진 윤영실

펴낸곳 | 정토출판
등록 | 1996년 5월 17일 (제22-1008호)
주소 | 137-875 서울시 서초구 효령로 51길 7 (서초동)
전화 | 02-587-8991
전송 | 02-6442-8993
이메일 | jungtobook@gmail.com
홈페이지 | book.jungto.org

그림 | 한지희
디자인 | 끄레 어소시에이츠

ISBN 978-89-85961-69-1 03220
ⓒ 2012. 정토출판

이 책 내용의 일부 또는 전부를 재사용하려면 반드시 정토출판의 동의를 얻어야 합니다.

# 깨달음

## 내 눈 뜨기

법륜 지음

정토출판

모든 것은 나로부터 나아가
나에게 돌아옴을 알아
부지런히 정진하겠습니다.

**책을 내면서**
# 다시 출발선입니다

　사람들은 온갖 욕망에 꺼뜰려 그 욕구를 충족하기 위해 하루하루를 허겁지겁 살아간다. 부처님은 내일이면 괴로워할 일을 오늘 좋아하지 말라고 하셨다. 오늘은 내 자식이다, 내 부모다, 내 형제다, 내 친구다 하며 즐거워하다가도 내일이 되면 자식과 부모, 친구와 형제 때문에 괴로워하는 것이 우리 인생살이다.

　지나간 삶을 돌이켜보며 다시 태어난다면 절대 이런 삶을 살지 않겠다고 후회하는 인생이어서는 안 된다. 또 현재 내가 하고 있는 일이 죽을병에 걸렸거나 재앙이 닥쳐 곧 죽게 되었다고 해서 그만둘 일이라면 나는 지금 가치 있는 일을 하고 있는 것이 아니다. 한 달 뒤면 죽게 된다는 선고를 받더라도 죽음 직전까지 이 일을 계속할 수 있을 때 비로소 그 일은 가치 있는 일이 된다.

한번 지나간 인생은 되돌아오지 않는다. 결코 돌이킬 수 없는 순간순간을 어떻게 보내야 할까? 지난 시절을 돌이켜보면 후회스러운 일도 많다. 지난 세월 부모를 원망하고 친구들과 다투었던 일이 오늘 내 삶에 어떤 의미가 있을까. 그들이 정말 내가 원망하고 미워하고 싸워야 할 대상이었던가. 미워할 대상도 싸워야 할 대상도 아닌 사람들을 미워하고 싸우느라 아까운 시간만 낭비한 것은 아닌지.

과거를 돌아보면 자랑스럽고 만족스러울 때는 언제였는가? 내 자신을 위했던 때인가, 아니면 내가 조금 어렵더라도 가족을 돕고 친구를 돕고 남을 도왔던 때인가? 남에게 도움이 될 때가 오히려 더 자랑스럽고 뿌듯한 일로 남아 있지 않은지. 결국 그러한 일이 결과적으로 나에게도 더 이롭지 않았는지.

지난날 즐거웠던 한순간이 지금 나에게 고통이 되고, 어려웠던 순간이 오히려 지금은 기쁜 추억이 되는 경우도 많다. 이렇게 과거를 돌아보면 앞으로 어떻게 살아야 할지 알게 된다. 후회 없는 인생, 순간순간도 즐겁고 나중에 돌아봐도 즐거운 그런 삶을 선택해 살아야 한다.

어리석은 사람은 눈을 감고 세상이 어둡다고 아우성이다. 이때는 지금 당장 내 눈을 뜨는 것이 먼저다. 깊은 성찰의 시간을 지속적으로 가진다면 밝은 눈을 뜨는 데 도움이 된다. 눈을 뜬 이후에도 세상이 어둡다면 불을 밝혀야 한다. 이렇게 먼저 자신의 눈을 뜨고, 세상을 위해 불을 밝히는 노력이 상구보리上求菩提 하화중생下化衆生이다. 이는 붓다가 오래전에 우리에게 전한 가르침의 근본이다.

과거는 이미 지나가 버려 없고 미래는 아직 오지 않아서 없다. 지금 이 순간 깨어 있는 삶으로 밝게 살아야 한다. 이제까지는 연습이었고, 지금부터 다시 새로운 인생의 출발이다. 인생이란 참으로 가치 있는 것이지만, 가치 있는 인생을 헛되이 보낼 때 그 인생은 쓸모없는 것이 되고 만다.

 가치 있는 인생을 살려면 무엇보다 먼저 헛된 삶을 헛된 것으로 바르게 알아야 한다. 그것을 바르게 인식할 때 비로소 헛된 삶을 버리고 가치 있는 삶을 살아가게 된다. 또 이런 삶이 얼마나 행복한 삶인지를 알게 된다. 그래야 오늘 죽어도 후회 없는 삶, 살아 있는 매일매일이 기쁨으로 가득 찬 삶이다.

2012년을 시작하며, 정토수련원에서

법륜

**차례**

책을 내면서  다시 출발선입니다  6

1장 | 존재로부터의 자유
너는 지금 어디에 있는가  16
옳은 것과 그른 것이 본래 없다  20
밥 한 그릇  22
존재로부터의 자유  24
지금 이 순간  28
내 안에서 행복하라  31
참회  34
마음공부를 방해하는 장애  37
빈 마음으로 바라보기  39

## 2장 | 삶은 이미 우리 앞에 놓여 있다

기도 44

물 위로 뜨는 돌을 보았느냐 47

인연법 51

세상 모든 존재의 연관 53

좋은 인연, 나쁜 인연 56

삶은 이미 우리 앞에 놓여 있다 59

똥 눌 때 똥 누고, 밥 먹을 때 밥 먹고 62

## 3장 | 네 발 밑을 보라

깨달음의 길 66

수행이라 이름 붙여진 수행 68

스승은 내가 만든다 71

어리석은 사람, 깨어 있는 사람 74

네 발 밑을 보라 79

사실을 있는 그대로 82

과거를 돌이켜 미래의 관점에서 현재를 보다 87

사랑이 왜 미움이나 슬픔으로 바뀌는가 93

## 4장 | 세상을 물들이는 사람

물드는 사람　98

경계를 멀리해서 물들지 않는 사람　101

경계 속에서 물들지 않는 사람　104

세상을 물들이는 사람　108

참자유　112

물처럼 바람처럼　114

이무소득고　119


## 5장 | 화작

도깨비장난 같은 인간의 삶　124

일체유심조　126

지금 여기 마땅히 구제해야 할 중생　131

방울 스님의 미소　133

허공의 헛꽃　137

화작　141


## 6장 | 열 가지 바라는 마음의 포기, 그리고 새로운 선택

바라는 마음을 버리는 열 가지 수행　146

병고로써 양약을 삼으라　152

근심과 곤란으로써 세상을 살아가라　154

장애 속에서 해탈을 얻어라   156
모든 마군으로써 수행을 도와주는 벗을 삼으라   158
여러 겁을 겪어서 일을 성취하라   160
순결로써 사귐을 길게 하라   162
내 뜻에 맞지 않는 사람들로써 원림을 삼으라   164
덕 베푼 것을 헌신처럼 버려라   166
적은 이익으로써 부자가 되라   168
억울함을 당하는 것으로 수행하는 문을 삼으라   170
역경을 통하여 부처를 이룰지어다   172

## 7장 | 사람·세상·자연

청정 국토   176
미래 세상   178
지금 이대로 아름다운 세상   180
의식 혁명   184
맑은 마음, 좋은 벗, 깨끗한 땅   188
붓다의 근본 가르침으로 돌아가다   192
정토를 일구는 사람   194

**책을 닫으며** 한 알의 보리수 씨앗   196

나는 길가에 핀 풀 한 포기와 같다.

자신이 별 게 아닌 줄 알면 상처받을 일이 없다.

특별한 존재라고 착각하기 때문에 인생이 괴롭고,

그 때문에 결국 특별하지 못한 존재가 되어버린다.

1장

존재로부터의 자유

## 너는 지금 어디에 있는가

내가 지금 어디로 가는지
무엇 때문에 가는지
알고 가야 하지 않겠는가.

어느 날 오후 나무 아래에서 낮잠을 자던 토끼는 꽝하는 소리에 화들짝 놀라 벌떡 일어났다. 토끼의 머릿속엔 '하늘이 무너지고 땅이 꺼지는구나' 하는 생각이 번개처럼 스쳐 지나갔다. 토끼는 정신없이 도망치기 시작했다.

그 모습을 본 노루가 토끼를 쫓아 달리며 물었다.
"왜 그래? 무슨 일이야?"
"지금 하늘이 무너지고 땅이 꺼지고 있어."
"거짓말."
"아냐, 진짜야."
토끼의 말이 혹시 사실일지도 모른다는 생각이 든 노루는 토끼를 따라 달렸다. 곧이어 이 모습을 본 사슴이 노루를 따라 달리고, 그 뒤를 기린이 따라 달리고, 원숭이가 달리고, 코끼리가 달리고, 너구리가 달리고… 결국 숲속의 모든 동물들이 너도나도 뽀얀 먼지를 일으키며 달리게 되었다.

앞서거니 뒤서거니 달리던 동물들은 '한 발이라도 더 앞서 가는 게 살길'이라고 생각해 속도가 점점 더 빨라졌다. 다른 동물들보다 조금이라도 더 빨리 도망가려고 안간힘을 써서 달렸다.

그런데 숲이 끝나는 곳에는 천 길 낭떠러지가 있었다. 동물들은 모두 살기 위해 달리는데 곧 죽게 되어 있었다. 이것을 본 숲속의 왕 사자가, '아니, 저러다간 모두 낭떠러지 아래로 떨어져 죽고 말겠어' 하면서, 질주하는 동물들 앞을 막아서며 온 힘을 다해 어흥! 하고 소리쳤다. 정신없이 달리던 동물들이 그 소리에 놀라 멈춰 섰다.

"너희들, 지금 어딜 그렇게 뛰어가고 있는 거냐?"

사자가 물었지만 동물들은 서로 얼굴만 쳐다볼 뿐 아무도 대답을 하지 못했다.

"아니, 어디로 가는지도 모르면서 그렇게 죽기 살기로 뛰어간단 말이냐?"

사자는 버럭 소리를 질렀다.

"너구리, 너는 왜 달려갔어?"

"코끼리가 달리기에 따라 갔습니다."

"코끼리 너는?"

"원숭이가 달리기에…."

원숭이는 기린 따라, 기린은 사슴 따라, 사슴은 노루 따라, 노루는 토끼 따라….

이렇게 해서 사자는 토끼에게 물었다.

"토끼 너는 왜 달려갔는데?"

그 말에 토끼가 대답했다.

"지금 하늘이 무너지고 땅이 꺼지려 해서 도망치는 중입니다."

"하늘이 무너지고 땅이 꺼진다고? 그걸 어디서 봤는데?"

"저기 제가 낮잠 자던 곳에서요."

"그래? 그럼 거기로 같이 가보자."

사자의 말에 동물들은 모두 토끼가 낮잠을 자던 곳으로 가보았다. 그러나 그곳은 하늘이 무너지고 땅이 꺼지기는커녕 너무도 평온한 모습이었다.

"이상하다. 아까 분명 그런 소리가 났는데…."

사자가 가서 살펴보니, 그곳엔 커다란 도토리나무가 한 그루 있고 그 아래엔 도토리 한 알이 떨어져 있을 뿐이었다. 토끼는 낮잠을 자다가 그 도토리 떨어지는 소리에 깜짝 놀라 하늘이 무너지고 땅이 꺼진다고 생각해 정신없이 뛰었던 것이다.

이것이 바로 오늘날 우리 삶의 모습이다. 우리는 지금 어디로 가는지도 모르면서 죽기 살기로 달려가고 있다. 이런 어리석은 모습을 보고 동물들을 불러 멈춰 세우는 사자처럼 부처님은 진리의 말씀으로 우리 삶을 돌아보게 한다.

뽀얀 먼지를 일으키며 질주하는 숲속 동물들처럼 우리는 모두 남이 달리니까 나도 따라 달린다. 따라 달리지 않으면 나만 손해라고 생각한다. 그 길이 죽으러 가는 길인데도 남보다 조금 더 빨리 가려고 애를 쓰고 달린다. 이렇게 거대한 무리 속에서 정신없이 달리며 서로 부딪치고 넘어지며 받는 상처가 지금 우리의 괴로움이며 갈등이다.

내가 지금 어디로 가는지 무엇 때문에 가는지 알고 가는 것이 옳지 않겠는가. 그 길이 죽는 길이라면 아무리 모든 사람들이 간다 해도 나는 가지 말아야 한다. 지금까지 힘을 다해 달린 시간과 노력이 아깝다 해도 그만두고 돌아서야 한다. 그래야 비로소 살길이 열린다.

## 옳은 것과 그른 것이 본래 없다

내 고집을 버리면 내 괴로움이 사라진다.
버리면,
분별이 사라지고, 번뇌가 사라지고, 정신이 맑아진다.


현재 내 가치관은 내가 살아온 환경의 산물이다. 마찬가지로 다른 사람의 가치관 역시 그 사람이 살아온 환경의 산물이다. 이렇듯 사람들은 저마다 살아온 환경이 다르므로 가치관 또한 저마다 다르다. 내 얼굴과 다른 사람 얼굴이 다르듯이 내 생각과 다른 사람 생각이 다른 것은 너무나 당연한 일이다. 나와 남이 다르다는 것을 인정만 할 수 있어도 번뇌는 훨씬 줄어든다. 옳고 그른 것이 본래 없고 다만 서로의 생각이 다를 뿐이라는 것을 알게 되면 나의 생각을 고집하지 않게 된다. 그 사람 처지에선 그럴 수도 있겠다고 이해하면 갈등도 싸울 일도 없어진다.

내 생각이 무조건 옳지 않듯이 다른 사람 생각도 무조건 틀리지 않다. '그 사람 처지에서는 그렇게 생각할 수도 있겠다', '내 생각이 틀릴 수도 있겠다' 이렇게 한번 생각해 보자. 그러면 비록 눈을 확실히 뜨고 세상을 여실히 보는 것은 아닐지라도, 우선 마음이 그전보다 훨씬 가벼워진다.

남편 고집이 센데 법문을 듣고 마음을 바꿨으면 좋겠다며 남편을 절에 데리고 올 좋은 방법이 없겠느냐며 상담을 신청하신 분이 있었다. 그분의 이런 마음에는 내가 옳고 남편은 틀렸다는 생각이 전제되어 있고, 남편의 고집을 꺾으려는 의지가 담겨 있다.

그런데 생각해 보라. 그렇게 고집이 세다는 남편의 고집을 꺾으려 하는 그 부인의 고집은 어떠한가! 따져보면 고집 센 남편의 고집을 꺾으려는 부인의 고집이 더 센 것이다. 내가 남에게 내 생각을 고집하면, 고집하는 내가 괴롭다. 당신 생각이 틀렸으니 고쳐야 된다고 아무리 주장해도 상대가 고쳐주지 않으니 오히려 내가 괴로워지는 것이다.

그래서 그 부인에게 "당신 생각이 옳아요" 하며 "남편이 고집이 세다는 생각을 한번 버려보시면 어떨까요?"라고 말해 보았다. 본래 옳고 그른 것이 없으니 남편이 틀렸다는 생각을 버리고 '당신 생각이 옳아요' 하면 바로 내 괴로움이 없어지니 내가 제일 좋아지는 게 당연하다.

내 고집을 버리면 내 괴로움이 사라진다. 지금 갖고 있는 내 기준을 버려야 한다. 다 버리지 않으면 눈을 뜰 수 없다. 버리면 분별이 사라지고 번뇌가 사라지고 정신이 맑아진다.

## 밥 한 그릇

헛된 집착에서 슬픔이 생기고 두려움이 생긴다.
헛된 집착에서 해탈한 사람은 슬픔이 없는데
어찌 두려움이 있겠는가.


전쟁이 일어나 피난을 가는데 가난한 농부는 보리쌀 한 가마니를 지고, 부자는 금화 한 자루를 들고 길을 나섰다. 부자는 농부를 보고 "이 급한 피난길에 왜 몇 푼어치 되지도 않는 그 무거운 보리쌀 가마니를 지고 가느냐"고 비웃었다.

피난길 동안 농부는 가지고 간 보리쌀로 조금씩 밥을 지어 먹었다. 하지만 부자는 금화 외에는 아무것도 준비하지 않았으므로 먹을 것이 없었다. 피난길이니 음식을 사먹을 만한 곳도 없었다.

하루를 굶주린 부자는 농부에게 말했다.

"금화 한 닢 줄 테니 보리쌀 가마니를 내게 파시오."

보리쌀 다섯 가마니 값은 되는 금화였다. 부자는 선심이라도 쓰듯 제안했지만 농부는 고개를 흔들었다. 그러자 부자는 벌컥 화를 냈다.

"아무리 전쟁 중이라지만 다섯 배나 되는 값을 치르겠다는데도 싫단 말이오?"

이틀이 지나자 부자는 배가 고파 참을 수가 없었다.

"금화 두 닢을 줄 테니 보리쌀 반 가마니만이라도 파시오."

이번에도 농부는 들은 척도 안 했다.

"아니, 아무리 전쟁 중이라지만 욕심이 너무 과하지 않소. 도대체 얼마나 더 받겠다는 거요?"

또 하루가 지났다. 부자는 도저히 배가 고파서 견딜 수가 없었다.

"내가 가진 금화 절반을 줄 테니 보리쌀 한 말만 파시오."

하지만 농부는 역시 말이 없었고 부자는 불같이 화를 냈다.

그렇게 며칠이 지나자 부자는 더 이상 걸을 수가 없을 만큼 쇠약해졌다. 굶주림으로 곧 죽을 것 같았다. 그 지경이 되니 신주 모시듯 했던 금화들은 아무짝에도 쓸모없는 거추장스러운 물건일 뿐이었다. 결국 부자는 길에서 쓰러지며 농부에게 간절히 하소연했다.

"여보시오, 내가 배가 고파 죽을 것 같소. 죽기 전에 물이라도 배불리 먹고 죽게 저기 물 한 사발 떠다줄 수 있겠소?"

그제야 농부는 밥을 지어 굶주린 부자에게 먹였다.

# 존재로부터의 자유

존재는 좋은 것도 나쁜 것도 없고
깨끗한 것도 더러운 것도 없기에
취할 것도 버릴 것도 없다.


모든 존재는 그 존재만의 고정된 가치가 있는 게 아니다. 우리 생각과 필요에 따라 그 가치가 그때그때 정해질 뿐이다.

'약이다, 독이다' 하는 것도 마찬가지다. 사람 몸에 제일 좋은 약은 무엇이고, 사람 몸에 가장 해가 되는 독은 무엇일까? 사람들은 인삼은 약이라 하고, 아편은 독이라고 생각한다. 그렇다면 인삼과 아편에는 각각 어떤 성분이 있어서 약이 되고 독이 되는 것일까?

우리 몸은 갖가지 원소로 이루어져 있다. 그런데 그중에서 어떤 한 가지 원소가 부족하면 병이 나게 되고, 다시 그 원소가 보충되면 건강을 되찾게 된다. 그럴 때 그 부족한 원소를 채워주는 역할을 하는 요소가 약이 된다. 반면 우리 몸에 어떤 요소가 지나치게 많이 들어와서 몸

지금 바로 이 자리에서 행복할 수 있습니다. 그게 수행입니다.

의 기능을 저하시키는 역할을 한다면, 그때 그 요소는 독이 된다.

이렇듯 그 어떤 요소가 본래부터 약인 것도 아니고 독인 것도 아니다. 다만 상황에 따라 약이 되기도 하고 독이 되기도 한다. 마치 배고픈 사람에게 한 그릇의 밥은 약이 되지만 배부른 사람에게는 그 한 그릇의 밥이 독이 되는 이치와 같다.

따라서 하나의 사물이나 사건이 지금 나에게 약으로 작용할 수도 있고 독으로 작용할 수도 있다. 또 아무런 작용을 하지 않을 수도 있다. 세상 사람들이 다 좋다고 해도 나에게는 아무 쓸모 없는 것일 수도 있고, 세상 사람들이 다 쓸모없다고 버려도 나에게는 꼭 필요한 것일 수도 있다.

좋다고 취하는 것도 아니고 나쁘다고 버리는 것도 아니다. 깨끗하다고 취하는 것도 아니고 더럽다고 버리는 것도 아니다. 존재는 좋은 것도 나쁜 것도 없고 더러운 것도 깨끗한 것도 없기에 취할 것도 버릴 것도 없다. 여기에 존재로부터의 자유가 있다.

사람들은 경계에 따라 갖가지 생각을 일으킨다. 그리고 그 생각이 마치 객관적 사실인 양 착각하고는, 그 모양에 집착한다. 괴로움은 바로 이 전도몽상顚倒夢想에서 비롯된다. 현실 그 자체가 괴로움이 되거나 두려움이 되는 것은 아니다. 내가 다만 착각을 일으켜 괴로워하고 두려워하는 것일 뿐이다. 그러니 내가 지금 행복한 삶을 위해 노력하는데도 삶이 괴롭고 힘들다면 전도몽상의 삶을 살고 있다는 반증이다.

지혜의 눈으로 있는 그대로의 모습을 본다면 모든 괴로움을 여읠 수 있다. 이를 『반야심경般若心經』에서는 '조견오온개공照見五蘊皆空 도일체고액度一切苦厄'이라고 표현하고 있다. 일체의 존재는 고정된 실체가 없다는 것을 확연히 알면 모든 괴로움으로부터 벗어난다는 말이다. 존재로부터 진정 자유로운 사람은 무엇이든 할 수 있다.

# 지금 이 순간

매순간 삶은 한 번밖에 오지 않는다.
조건 좋은 날이든 조건 나쁜 날이든
그 매일매일이 모여 내 인생이 된다.

자유에 대한 사람들의 생각은 어떠한가? 사람들은 내가 하고 싶을 때 하고, 하기 싫을 때 하지 않는 것을 자유라고 생각한다. 그러나 이 세계는 내 멋대로 할 수 있는 곳이 아니다. 그래서 사람들은 항상 자신의 자유가 속박받고 있다고 생각한다.

하지만 사실은 어떠한가? 어떠한 상황이 나를 억압하는 것이 아니라 '싫다, 좋다'는 내 생각이 나를 자유롭지 못하게 속박하고 있다. 좋다 싫다는 관념에 휩싸여 있는 한 자유로울 수 없다.

사람들은 자기가 자기 자신을 속박하면서 다른 사람이 자신을 속박한다고 착각한다. 이 착각에서 깨어나야 한다. 내 괴로움이 없어야 다른 사람의 괴로움을 해결해 줄 수 있는 것처럼, 내가 자유로워야 다른 사람도 자유롭게 해줄 수 있다. 이런 자유로운 힘이 있어야 나뿐만이 아니라 내가 사는 이 세상을 좀 더 나은 세상으로 바꾸어 나갈 수 있다.

지금 이대로 무엇이든 할 수 있는 사람, 무엇이든 될 수 있는 사람이어야 한다. 오늘 하루 내게 주어진 조건을 나쁘다고 생각하고 오늘 하루를 괴롭게 보낸다면, 내 인생에서 오늘은 병으로 보낸 하루가 된다. 매순간 삶은 한 번밖에 오지 않는다.

조건이 좋은 날이든 나쁜 날이든 그 매일매일이 모여 내 인생이 된다. 불행은 늘 사람들 스스로가 만든다. 즉, 주어진 자기의 현실을 외면하는 데에서 불행이 싹튼다.

지금 이대로 좋은가?

언제나 지금 이대로 좋은 삶이어야 한다. 그래야 나를 괴롭히는 데 내 에너지를 쓰지 않게 된다. 아무리 어두운 밤이라도 불 한 번 밝히면 어둠이 사라지듯, 어떠한 상황에서도 내 한 생각 돌이킴으로써 괴로움에서 벗어날 수 있다. 지금 이대로의 인생 자체가 훌륭하고 가치 있으며 귀중하다.

비록 현재의 삶이 힘들지라도 이 모습 이대로 좋아야 한다. 나는 해탈해서 부처가 될 수 있는 사람이라는 자긍심을 가지고 자기를 아끼고 사랑해야 한다. 자기를 아낀다는 것은 자기를 괴롭히지도 속박하지도 않는 것을 말한다.

내가 나를 속박하고 괴롭히는데 누가 나를 해방시켜 주고 괴로움에서 벗어나게 해줄 수 있겠는가! 나 자신도 꽁꽁 묶여 괴로움에 빠져 있는데 그 누구를 해탈시키고 기쁘게 해줄 수 있겠는가! 모든 일의 시작은 언제나 나로부터 출발한다.

## 내 안에서 행복하라

행복도 내가 만드는 것이네.
불행도 내가 만드는 것이네.
진실로 그 행복과 불행 다른 사람이 만드는 것 아니네.

우리 몸에는 셀 수 없이 많은 세균이 있다. 그런데도 별 탈 없이 건강하게 사는 걸 보면 그 많은 세균이 우리 몸에 반드시 해가 되는 것만은 아님을 알 수 있다. 단지 몸이 약해져 면역력이 떨어졌을 때 그 세균들로 말미암아 병이 나는 것이다. 예를 들어 몸에 결핵균이 있다고 해서 다 폐결핵에 걸리는 것은 아니다. 몸에 결핵균이 있다 하더라도 건강한 사람에게는 아무런 해가 되지 못한다.

그렇다면 마음의 병은 어떠한가? 우리는 괴로울 때 누군가를 탓한다. 아이가 공부를 안 해서, 남편이 술을 먹어서, 직장 상사가 꾸중을 해서…. 누구 때문에 무엇 때문에 괴롭다고 말한다. 그래서 이 괴로움에서 벗어나려면 그런 일이 안 일어나야 한다고 생각한다. 그러나 이런저런

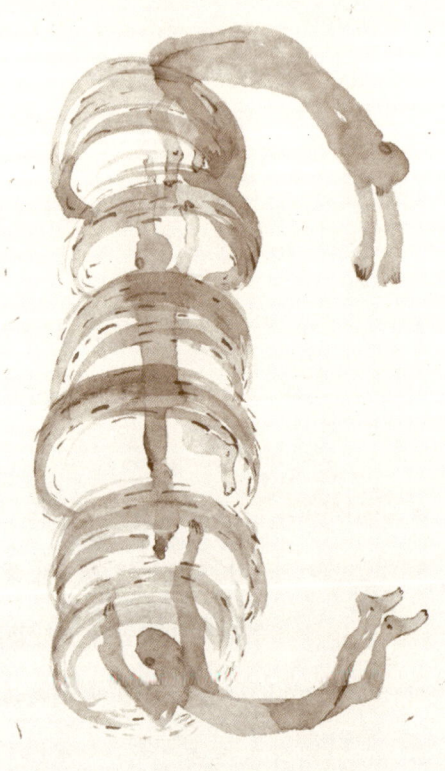

수행이란 나도 좋고 남도 좋은 것. 지금도 좋고 나중에도 좋은 것.

일이 일어나더라도 내가 마음 관리를 잘하면 괴로움은 일어나지 않는다. 마치 건강하면 병균이 있어도 병에 걸리지 않는 것처럼.

근본적으로 마음의 병을 치료하려면 병의 원인을 알고 그 뿌리를 뽑아야 한다. 뿌리를 뽑는 방법은 이 병이 밖에서 온 것이 아니라 자기 스스로 만들었다는 사실을 아는 것이다. 이것을 깨우치는 순간 마음의 병은 단박에 낫는다. 나를 괴롭히는 모든 괴로움에서 즉시 벗어날 수 있다.

이렇듯 환경이나 조건에 따라 생기는 마음의 병은 제멋대로 바뀌는 꿈과도 같다. 그런데도 사람들은 나의 행복과 불행이 밖에서 왔다고 착각하고 바깥에 의존해서 행복을 구하고자 애쓴다. 이런 노력이 얼마나 헛되고 무모한 것인지를 모른다. 바깥에 의존해서 잠깐 단맛을 보았더라도 그것은 행복이 아니라 잠시 고통이 멈춘 것이며 새로운 고통의 시작일 뿐이다.

괴로움의 실체가 없는데도 사람들은 순간순간 미망에 휩싸여 괴로움의 바다에 빠져 허우적거린다. 괴로움의 바다에서 빠져나오는 방법은 간단하다. 괴로워할 만한 그 어떤 것도 본래 없다는 이치를 알면 된다.

# 참회

나는 길가에 핀 풀 한 포기와 같다.
내가 특별한 존재라고 착각하기 때문에 인생이 괴롭고
그 때문에 결국 특별하지 못한 존재가 되어버린다.


마음의 상처가 깊은 사람에게 제일 쉽고 근원적인 치료 방법은 참회다. 참회란 단지 잘못을 뉘우치는 것으로 끝나는 것이 아니다. 본래 잘하고 잘못한 바가 없는 도리를 아는 것이다. 내가 어리석고 무지해서 스스로 괴로워하고 있다는 사실을 깨닫는 것이다.

모든 일은 나로부터 나아가 나에게 돌아온다. 내가 짓고 내가 받는 이치다. 그런데 우리는 자신이 분별해서 괴로움을 만들어놓고 상대가 나한테 괴로움을 주었다고 착각한다. 내 괴로움이 어디서부터 비롯되었는지 바로 알고, '내가 생각을 잘못해서 당신을 미워했다'고 하는 것이 진정한 참회의 길이다.

이러한 이치를 모르고 '당신이 잘하고 내가 잘못했다'는 마음으로 참회하면, 이것은 또 옳고 그름을 분별하고 그 대상을 바꾼 것에 불과하다. 이런 마음가짐으로는 아무리 참회의 절을 해도 억울한 마음이 사라지지 않는다. 마음 밑바닥에는 '그래도 내가 잘했는데'라는 생각을 떨칠 수가 없다. 잘하고 잘못함이 본래 없음을 깨우쳐야 한다.

행복과 불행은 밖에서 오는 게 아니라는 것을 확실히 깨달으면 천하 그 어떤 것도 나를 어떻게 할 수 없다. 그런 사람은 세상 그 어떤 것을 보아도 부럽지 않다. 자신이 이미 스스로 온전하기 때문에 세상에서 용서할 일도 용서받을 일도 더 이상 없게 된다.

용서할 사람이 남아 있다는 것은 내가 옳다는 것을 아직 움켜쥐고 있는 것이므로 내 수행이 부족하다는 증거다. 그것은 아직도 꿈에서 덜 깬 상태다. 미워할 사람이 없어야 할 뿐 아니라 용서할 사람도 없어야 한다. 미운 사람도 용서해 줄 사람도 본래 없기 때문이다.

억울함이 있다는 것은 내가 지은 바 인연을 알지 못하는 데서 일어나는 것이지, 누가 나를 억울하게 한 게 아니다. 나에게 분함이 있다는 것은 내 허물을 알지 못하고 덮어두는 데서 일어나는 것이지 누가 나를 분하게 한 게 아니다. 나에게 억울함과 분함이 일어날 때, 내 마음의 뿌리를 잘 살필 수 있는 지혜가 있어야 한다.

그래서 수행하는 사람에게 참회 시간은 아주 중요하다. 참회를 일상적으로 그리고 정기적으로 하게 되면 마음속에 쌓인 상처의 감정이 오래 가지 않게 된다.

남을 미워하면 누가 괴로울까? 남을 미워하고 화내고 짜증을 내면 내가 괴롭다. 참회는 나를 아름답게 가꿔나가는 방법이다. 내 상처를 치유하는 방법이다. 너와 나의 잘잘못을 따지는 건 참회가 아니다. '옳고 그르다는 것이 본래 없음'을 자각하는 것이 참회다.

내가 옳다는 생각에 사로잡혀서 괴로움이 생겼으니, 본래 옳고 그른 게 없다는 걸 알고 그 자리에서 놓아버리면 괴로움은 즉시 사라진다. 그럴 때 편안함과 행복, 자유의 길이 열린다.

이렇게 참회 수행을 하면 피해의식이 없어진다. 피해의식이란 자기 보호 심리에서 생긴다. '나는 길가에 핀 풀 한 포기와 같다' 이렇게 자신이 별 게 아닌 줄 알면 세상사에서 상처받을 일이 없다. 내가 특별한 존재라고 착각하기 때문에 인생이 괴롭고, 결국 특별하지 못한 존재가 되어버린다.

# 마음공부를 방해하는 장애

언제나 '나는 별 볼일 없는 사람'이라는 걸 알고 살아야 한다.
내가 굉장한 존재인 양 착각하는 순간
인생은 불행해진다.


 자기 방어벽이 없는 사람은 '노래 한번 해봐요'라고 시키면 '예' 하고 벌떡 일어나 생각나는 대로 동요를 부르든 가요를 부르든 한다. 하지만 자기 방어벽이 있는 사람은 노래를 불러보라 하면 자기는 노래를 잘 부르지 못한다며 뒤로 뺀다. 그래도 해보라고 권하면 몇 번을 거절한 뒤에야 마지못한 듯 나와서 노래를 부른다.

 왜 그럴까? '잘해야 한다'는 생각에 사로잡혀 있기 때문이다. '사람들이 노래 못한다고 흉보지나 않을까?' 하는 이 생각이 자기 방어벽이다. 이런 사람은 '나는 특별한 존재'라는 생각 때문에 자꾸 그런 것에 사로잡히는 것이다.

 특별한 모양과 특별한 지위의 옷을 입게 되면 그것이 마음공부를 방해하는 장애가 된다. 남들이 자꾸 불러주고 떠받들고 공경하고 대접해주면 자기가 마치 무슨 대단한 존재인 양 착각하게 된다. 그러면 자기 방어벽이 더 단단히 쳐지고, 결국 자기만 손해고 불행해진다.

자기를 아낄 줄 모르는 사람은 그런 어리석음에 쉽게 빠진다. 언제나 '나는 별 볼일 없는 사람'이라는 걸 알고 살아야 한다. 사람들이 나를 보고 싶어하고 내 이름을 부르고 떠받들어서 내가 굉장한 존재인 양 착각하는 순간, 인생은 불행해진다. '사람들이 나를 그렇게 규정하는 건 그 사람들 일이다' 하고 놓아버리고, 그냥 가볍게 재미있게 살면 된다.

매일 정기적으로 기도해야 하는 이유가 거기에 있다. 늘 수행을 해야 깨어 있을 수 있고, 그래야 순간순간 미혹에 물들었다가도 바로바로 빠져나와 자기를 아름답게 보존할 수 있다.

수행은 자기를 온전하게 살리는 길이고, 무엇이라고 나를 모양 짓지 않는 길이다. 내가 길가에 핀 한 송이 꽃처럼 별 볼일 없는 존재라고 알면 어디 가서 어떤 사람들과 어울리고 무슨 일을 해도 아무런 불편 없이 잘살 수 있다.

# 빈 마음으로 바라보기

손에 든 컵이 뜨거운 줄 알면 바로 그냥 놓듯이
꿈인 줄 알면
바로 그냥 깨어나면 된다.

　모든 현상은 그저 하나의 사건일 뿐 거기에는 옳고 그름이 없다. 존재를 있는 그대로 보면 거기에는 괴로워할 만한 것이 없다. 다만 그것을 보고 내가 괴로워하거나 기뻐하는 마음을 일으킬 뿐이다. 그러니 자기 마음을 잘 관찰해야 한다.
　그러나 일단 억울함이나 분함 같은 부정적인 마음이 일어났다면 그때는 어떻게 해야 하는가? 부정적인 마음을 일으키지 말아야지 하고 결심한다고 그런 마음이 일어나지 않는 것은 아니다. 억울함이나 분함이 일어나면 억울함이나 분함이 일어나는 자신을 바라보면서 자기가 그런 마음을 일으키고 있다는 사실을 직시해야 한다. 그러한 마음이 이미 일어나 버렸을 때에는 일어난 그 마음을 그대로 받아들여야 한다.

괴로움이 일어날 때에는 괴로움이 일어나는 자기 마음을 잘 알아차려야 하고, 이미 일어나 버렸을 때에는 그것을 그대로 받아들여야 한다. 거부한다고 해서 괴로움이 일어나기 전으로 돌아갈 수 있는 게 아니다. 거부하려는 데에서 다시 또 새로운 괴로움이 생길 뿐이다.

어떤 것은 좋고 어떤 것은 나쁜 게 아니다. 설령 깜빡 내 생각에 사로잡혀 미친 듯이 화를 냈다 해도 그것마저 인정하고 수용해야 한다. 그렇게 이미 일어나 버린 일을 받아들이지 않으면 그것으로 말미암아 또 현재를 놓치게 되어 점점 더 괴로움에 빠져들게 된다. 늘 현재에 깨어 있어야 한다.

사람들은 흔히 '노력하라'고 말한다. 하지만 노력하고 애쓰는 것에는 한계가 있다. 언제까지 하는 식의 단서가 따라붙게 마련이다.

그러나 불교에서는 어떠한 전제나 목적을 두지 않고 '그냥 하는 것'을 중요시한다. 그렇게 할 때 비로소 괴로움苦과 즐거움樂의 윤회가 끊어진다. 그렇지 않으면 계속 되풀이된다. 언제까지 이런 일을 되풀이하며 살아야겠는가.

손에 든 컵이 뜨거운 줄 알면 바로 그냥 놓듯이, 꿈인 줄 알면 바로 그냥 깨어나면 된다. 준비가 필요한 것도 아니다. 즉시 행하면 된다. 바로 지금 일어나는 내 마음을 알아차리고 내려놓으면 된다.

그렇게 하고 안 하고는 모두 자신의 뜻이다. 그렇게 살 것인지 살지 않을 것인지는 자기 선택의 문제다. 지금 사는 그대로 사는 게 좋을 것 같으면 그렇게 살아도 된다. 자기 인생이니 어떻게 살든 괜찮다. 다만 내가 지금 어떻게 살고 있는가는 모두 내 스스로 선택한 것임을 알고 자기 인생에 대해 불평하지 말아야 한다.

내가 내 삶의 주인이 되는 길은

'모든 것이 다 내 탓이고, 내가 지은 대로 돌아온다'는

자각에서 출발한다.

내 인생 내가 책임지겠다는 생각을 하면

이미 부처의 길로 한 발 다가간 것이다.

2장

삶은 이미 우리 앞에 놓여 있다

# 기도

진정한 기도는
욕망의 불덩어리를 내려놓는 것이다.
그러면 불상 앞에서 무릎 아프게 절을 할 필요도 없다.

    지금 무엇 때문에 괴로워하는가? 다른 사람보다 좋은 집에서 살아야 되는데, 더 많은 돈을 가져야 되는데, 더 높은 지위에 올라가야 하는데 그것이 채워지지 않아서 괴로운가? 왜 그렇게 많은 돈이 필요하고 큰 집이 있어야 되는가?
    괴로움은 물질뿐 아니라 사람 때문에도 일어난다. 부모나 자식, 친구나 애인, 남편이나 아내 때문에 괴롭다. 뭔가 새로운 일을 시작하고 싶은데 부모님과 뜻이 맞지 않으면 부모를 거스르기 어려워 괴롭다. 차라리 부모님이 나를 사랑하지 않는다면 내 마음대로 하겠는데, 부모님이 나에게 베푼 은혜가 너무 커서 차마 말을 못 할 때가 많다. 그러나 부처님은 모든 괴로움의 울타리에서 벗어나려면 '내 아내다, 내 자식이다,

내 부모다' 하는 마음에서 벗어나야 한다고 했다.

빨갛게 달구어진 쇠공이 예뻐서 손에 쥐었다가도 그 쇠공이 뜨거운 줄 알면 '앗 뜨거!' 하면서 즉시 손을 뗀다. 그런데 사람들은 뜨거운 쇠공을 갖고 싶은 마음과 그 쇠공이 뜨겁지 않기를 바라는 마음, 이 두 가지 마음을 동시에 가지고 있다. 쇠공에 대한 집착 때문에 뜨거운 쇠공을 다른 손으로 옮겨 집는다. 하지만 그렇게 하면 한 손은 뜨거움에서 벗어나지만 다른 손이 또 뜨거워질 뿐이다.

그렇게 옮겨가는 건 근본적으로 괴로움을 해결한 게 아니다. 고통에서 벗어났다고 생각하는 순간, 또 다른 괴로움이 찾아온다. 그리고 시간이 지날수록 괴로움은 점점 더 커진다.

사람들은 괴로움을 없애기 위해 절에 기도하러 찾아간다. 부모 때문에 괴롭다고 찾아갔다가, 이번에는 남편 때문에 찾아가고, 또 자식 때문에 찾아가고, 이렇게 늘 괴로움을 안고 들락거리게 된다.

그러나 기도하면 이런 문제들이 해결된다는 생각으로 기도해서는 아무 소용이 없다. 진정한 기도는 욕망의 불덩어리를 내려놓는 것이다. 그러면 불상 앞에서 무릎 아프게 절을 할 필요도 없다. 욕망을 내려놓지 않으면 괴로움은 계속될 수밖에 없다.

그렇다면 욕망은 왜 생기고, 왜 그 욕망을 내려놓지 못하는가? 욕심과 분노와 어리석음의 세 가지 마음 병 때문이다. 사람들은 기뻐할 일이 있어 기뻐하고 힘든 일이 있어 힘들다고 생각하지만, 알고 보면 이 모든 것은 우리가 한 행위에 대한 결과다. 이런 행위에 대한 결과를 업보業報라고 한다.

손바닥이 서로 부딪치면 소리가 나듯 여섯 가지 감각기관인 육근六根: 眼耳鼻舌身意과 감각대상인 육경六境:色聲香味觸法이 부딪치면 느낌이 일어나고, 느낌에 따라 마음이 일어난다. 소리가 본래 있는 것이 아니라 부딪치면 소리가 날 뿐이다.

그런데 내 몸의 여섯 가지 감각기관이 바깥 경계에 부딪쳐서 일어나는 느낌에 따라 좋고 싫고 하는 갈애渴愛가 일어나고, 좋으면 당기고 싫으면 멀리하는 데서 행行이 일어난다. 그 행에 의해 업장業障이 형성되고, 업장은 또 새로운 욕망을 불러일으켜 습관적으로 반복함으로써 우리의 삶을 지배하게 된다.

# 물 위로 뜨는 돌을 보았느냐

누구에 의해 천당에 가고, 누구에 의해 지옥에 가고
누구에 의해 괴로워지고, 누구에 의해 기뻐지는 게 아니다.

젊은 제자 가미니가 부처님께 찾아와 물었다.

"부처님, 브라만들이 말하기를, 브라만이 기도해 주면 사람이 죽은 뒤에 좋은 데에 태어난다고 합니다. 설령 그 사람이 살아생전 나쁜 짓을 했어도 브라만이 제사를 잘 지내주면 그 죄가 다 없어져 천국에 태어난다고 하는데 그게 사실입니까?"

"가미니야, 브라만들이 그렇게 말하더냐? 내가 네게 보여줄 것이 있으니 따라오너라."

부처님은 가미니를 연못으로 데리고 갔다. 그리고 돌을 하나 집어 연못 속으로 던졌다.

"가미니야! 돌이 어떻게 되었느냐?"

아무리 좋은 일을 많이 해도 자기가 괴롭다면 수행이 아닙니다.

"물 아래로 가라앉았습니다."

"그렇다면 말이다, 브라만이 이 연못가에 쭉 둘러서서 '돌아, 물 위로 떠올라라! 물 위로 떠올라라!' 하고 빈다면 돌이 물 위로 뜨겠느냐?"

"안 뜹니다."

"왜 안 뜨느냐?"

"돌이 무거우니까 밑으로 가라앉는 게 당연하지요!"

"그렇다. 무거운 것이 물 밑으로 가라앉는 건 당연한 이치다. 그처럼 어떤 사람이 살아 있는 생명을 함부로 죽이고 남의 물건을 훔치고 음행을 하고 거짓말을 하고 삿된 소견을 갖는다면, 이러한 언행으로 말미암아 지은 업은 검고 무거워서 마치 돌이 밑으로 가라앉듯 저절로 아래로 내려가 지옥에 가게 되느니라! 브라만이 아무리 천국에 나게 해달라고 제사를 지내며 빈다고 천국에 나는 게 아니니라."

그러고는 부처님은 다시 기름 항아리를 연못에 던져 넣고는 긴 막대로 항아리를 쳐서 깨뜨렸다. 그러자 항아리 속에 있던 기름이 흘러나와 물 위로 둥둥 떠다녔다.

"가미니야, 어떠하냐?"

"기름이 물 위로 떴습니다."

"그렇다면 브라만들이 연못가에 둘러앉아서 '기름아, 물 아래로 가라앉아라! 물 아래로 가라앉아라!' 하고 빌면 기름이 물 아래로 가라앉겠느냐?"

"가라앉지 않습니다."

"왜 가라앉지 않느냐?"

"가벼운 것이 위로 뜨는 게 자연의 이치인데 빈다고 가라앉겠습니까?"

"그렇다. 그처럼 사람도 살아 있는 생명을 함부로 해치지 않고 남의 물건을 훔치지 않고 음행을 행하지 않고 거짓말을 하지 않고 삿된 소견을 갖지 않는다면, 즉 죽어가는 생명을 보면 살려주고 가난한 사람을 보면 베풀고 괴로워하는 사람을 보면 기쁘게 해주고 진실을 말하고 바른 소견을 갖는다면, 그가 지은 업은 희고 가벼워서 마치 기름이 물 위로 떠오르듯 저절로 위로 올라와서 천상으로 가게 되느니라!"

# 인연법

지은 인연의 과보는
깊은 바다 속에 숨는다 해도
깊은 산속에 숨는다 해도 피할 수 없다.


고통은 아무 이유 없이 일어나는 게 아니다. 고통은 내가 지은 인연 따라 일어난다. 부모로부터 시작된 것, 태중에서 시작된 것, 유아기 때 형성된 것, 어릴 때 형성된 것… 어제부터 시작된 것, 방금 전에 시작된 것… 이렇게 수없이 많은 인연이 겹치고 겹쳐 지금 작용하는 것이다. 꼭 불교신자가 아니더라도 이 인연과보因緣果報 즉, 어떤 원인과 조건으로 결과가 왔다는 것을 알면 세상에 두려워할 것이 없게 된다.

돌은 물에 넣으면 가라앉고 기름은 물 위에 뜬다. 물보다 무거운 것은 가라앉고 가벼운 것은 위로 뜨는 것, 이것이 자연의 이치다. 콩 심으면 콩 나고 팥 심으면 팥이 나는 것, 가는 말이 고와야 오는 말이 고운 것… 이런 자연의 원리를 인연과라고 한다.

이런 인연과의 법칙인 인연법은 내가 인정하든 인정하지 않든, 알든 모르든, 믿든 안 믿든 상관없이 이 세상에 존재하는 하나의 법칙이다. 나쁜 짓을 해놓고 좋은 결과를 바라는 것은 인연법에 어긋난다. 콩 심어놓고 팥 나기를 바라는 것, 돌이 물에 뜨기를 바라고 기름이 물에 가라앉기를 바라는 것은 모두 인연법에 맞지 않는 어리석은 생각이다.

인연과에서 '인因'은 직접적인 원인을 말하고 '연緣'은 간접적인 원인, 조건을 말한다. 콩 씨앗이 인이라면 수분이나 흙, 거름, 햇빛, 공기 등은 연이다. 씨앗은 흙, 물, 공기 등과 만나야 싹이 트는 것처럼, 인과 연이 만나서 '과果'를 만든다.

무인무연無因無緣도 무과無果요, 유인무연有因無緣도 무과無果라 했다. 씨앗이라는 인이 없으면 아무리 기름진 밭이라도 싹이 날 수 없고, 밭이라는 연이 없으면 아무리 좋은 씨앗이라도 싹을 틔울 수 없다. 인과 연이 화합할 때에야 비로소 과가 생긴다. 어떤 때에는 인이 더 큰 작용을 할 때가 있고, 또 연이 더 큰 작용을 할 때도 있지만, 그러나 어느 쪽이든 하나가 없다면 과는 생기지 않는다.

# 세상 모든 존재의 연관

나와 너, 우리는 늘 누구와 연기되어 있다.
내가 없는데 너만 따로 있을 수 없고
네가 없는데 나만 따로 존재할 수 없다.

인연과의 법칙이 성립하는 까닭은 이 세계가 '연기緣起'로 이루어져 있기 때문이다. '이것이 있으므로 저것이 있고, 저것이 있으므로 이것이 있다. 이것이 생겨 저것이 생기고, 이것이 멸함으로 저것이 멸한다.' 이것이 연기법이다. 이 연기법으로 말미암아 인연법이 성립한다.

삶을 행복하게 살려면 연기법을 제대로 알아야 한다. 물론 연기법을 몰라도 착한 행위를 하면 좋은 과보가 오고 악한 행위를 하면 나쁜 과보가 오는 것이지만, '왜 그런 법칙이 성립하는지'를 잘 이해해야 한다.

자식은 부모와 연기되어 있고, 남편은 아내와 연기되어 있으며, 스승은 제자와 연기되어 있다. 나와 너, 우리는 늘 누구와 연기되어 있다. 내가 없는데 너만 따로 있을 수 없고, 네가 없는데 내가 따로 존재할 수는 없다.

　너와 내가 인연 화합으로 만나 한쪽은 아내가 되고 다른 한쪽은 남편이 된다. 인연이 다해 흩어지면(사별하거나 이혼하면) 아내 또한 없어진다. 내 몸 자체는 남편이라고 할 수 있는 게 아니다. 나는 아내와 연관되어야 남편이 되고, 자식과 연관되어야 아버지가 된다.

　몸 자체는 무자성無自性이라, 본래의 성품이 없다. 연관해서 성품이 일어나고 연관이 끊어지면 그 성품도 사라지는 것이지, 본래 고정된 단독적이고 불변하는 어떤 성품이란 것은 없다. 이것이 연기법이다.

　콩의 싹이 트는 거나 내가 태어나는 건 다 인연 따라 이 세상에 오는 것일 뿐이다. 서로 인연 따라 결합해 만나면 하나의 새로운 현상을 이루고 흩어지면 공空으로 돌아간다.

　나와 너 또한 인연 따라 아내와 남편이 되어 일정 시간 동안 그 인연을 유지하며 생활한다. 수소와 산소가 결합해 물이 되면 일정 기간 물의 상태로 있듯이 일정 기간 동안의 남편과 아내가 유지될 뿐이다. 이 상태는 결코 영원하지 않다. 인연이 다해 흩어지면 그 성품은 사라진다. 인연 따라 살다가 인연 따라 세상을 떠나가는 것이다. 내 생각, 내 육신뿐 아니라, 이 세상 모든 존재는 하나도 빠짐없이 다 이와 같이 인연 소생한다.

붓다를 닮아가는 내 모습이 가족에게는 가장 큰 선물입니다.

## 좋은 인연, 나쁜 인연

세상살이에는 좋은 인연 나쁜 인연이
따로 있는 것 같지만
깨달음의 길에는 좋고 나쁜 인연이 없다.

여기 콩이 한 알 있다. 이 콩이 책상 위나 모래밭에 떨어지면 싹을 틔우기가 어렵지만, 기름진 밭에 떨어지면 싹이 잘 틀 것이다. 이렇게 좋은 인연으로 만나는 것이 중요하다. 만날 때 잘 만나야 한다.

하지만 처음부터 잘 만나는 게 쉬운 일이 아니다. 욕심으로 눈이 어두워진 중생의 눈에는 기름진 밭은 더러워 보이고 거름 없이 잘 다듬어진 모래밭은 깨끗하고 좋아 보여 애초에 씨앗을 잘못 뿌리는 경우가 많다. 마치 쥐가 색깔 좋고 냄새 좋은 쥐약 넣은 음식을 찾아 먹는 것처럼 우리 중생 사는 모습이 그렇다. 외모다 재물이다 권세다 명예다 그렇게 온갖 것에 욕심을 내어 그 욕심 따라 살아간다.

이렇듯 좋은 인연을 못 맺는 건 욕심 때문이다. 그런데 사람들이 맺는 관계 중 가장 이기적으로 맺어지는 관계가 부부 관계다. 친구는 의리를 보고 사귀고, 사업 동업자를 고를 때는 신용을 따지는데, 결혼할 때에는 이해타산의 명세서가 수도 없이 많아진다.

그렇게 욕심과 이기심으로 온갖 것을 챙기면서 결혼하니 좋은 인연을 만나기 힘들다. 또 이렇게 엄청난 이해관계와 기대를 갖고 만나니 조금만 어긋나도 악연이 되기 쉽다. 행복하려고 결혼했는데 결혼이 도리어 고통과 재앙의 근본이 된다. 그러니 결혼하려면 욕심을 버리고 사랑하는 마음을 갖는 수행부터 해야 된다. 수행해서 안목이 열려야 한다.

그렇다면 이미 지어진 인연에 대해서는 어떻게 해야 할까? 콩이 자갈밭에 떨어졌으면 왜 하필 여기 떨어졌냐고 한탄만 하고 있으면 될까? 물론 아니다. 어떤 밭에 떨어졌든 우선 싹을 틔워야 한다. 만난 인연을 풀어가야 된다. 나쁜 인연이면 좋게 풀고, 좋은 인연이면 더 좋게 만들어야 한다.

나쁜 인연이면 '안 되겠구나. 이걸 포기하고 저쪽으로 가야겠다' 해서는 안 된다. 어차피 넘어가야 될 길이다. 행복과 자유를 얻으려면 나쁜 인연이든 좋은 인연이든 양쪽을 다 풀어야 한다. 특히 나쁜 인연을 빨리 풀면 빨리 풀수록 깨달음의 길이 가까워진다.

세상살이에는 좋은 인연 나쁜 인연이 따로 있는 것 같지만, 깨달음의 길에는 좋고 나쁜 인연이 없다. 이왕 만난 인연은 좋든 나쁘든 그 인연을 좇아 살아가야 한다. 그러면서 그 인연을 좋게 풀어야 한다. 인연을 지을 때에는 좋은 인연을 지을 수 있도록 노력해야 하며, 이미 맺은 인연에 대해서는 좋네 나쁘네 분별하지 말고 좋은 방향으로 잘 풀어야 한다.

# 삶은 이미 우리 앞에 놓여 있다

내 인생 내가 책임지겠다고 생각하면
이미 부처의 길로 한 발 다가간 것이다.

　과학이 발달하지 않았던 옛날에는 고기잡이를 나갔다가 거센 풍랑을 만나 목숨을 잃는 경우가 많았다. 그러나 오늘날에는 일기예보를 보고 배가 출항하므로 그만큼 사고가 줄어들었다. 해일이나 태풍 자체를 막지는 못할지라도 미리 예상하고 대처할 수 있게 되었으니 자연 재해에 대한 두려움도 많이 줄었다.
　마찬가지로 인연과의 법칙을 알면, '이런 마음을 가지면 이런 괴로움이 오겠구나' 하고 미리 예측할 수 있어 인연을 짓지 않아 과보를 피할 수 있게 된다. 또 이미 인연을 지었으면, '언젠가는 반드시 이런 과보를 받고 넘어가야 될 일이다' 하며 의연하게 대처해 나갈 수도 있다.
　삶은 이미 우리 앞에 자리 잡고 있다. 그러니 자신의 모든 문제와 고

뇌를 스스로 감싸 안을 생각을 해야 한다. 좋지 못한 인연으로 만난 사람이라도 내가 보살의 마음을 내면 그 인연이 바뀐다. 세상에는 본래 정해져 있는 것이 없기 때문이다.

사람들은 자신의 삶이 괴로우면 부모나 남편, 아내, 자식 등 주위 사람들에게 그 책임을 돌린다. 그들이 어떻게 하느냐에 따라 나의 행·불행이 좌우된다고 여긴다.

그러나 내가 내 삶의 주인이 되는 길은 '이 모든 것이 다 내 탓이고, 내가 지은 바대로 온다'는 자각에서 출발한다. 내 인생 내가 책임지겠다는 생각을 하면 이미 부처의 길로 한 발 다가간 것이다. 어떤 어려움이 닥치더라도 '내 책임이다, 내 인연으로 왔다'는 사실을 인식해야 한다. 이것이 보살의 마음이다.

기도할 때에는 무엇을 얻고자 하는 마음이 아니라 자신을 되돌아보는 마음으로 해야 한다. 그래야 비로소 내 앞에 놓인 장벽이 무너진다. 장벽이 무너지면 가려져 있던 실상이 여실히 드러나므로 어떠한 문제든 스스로 해결할 수 있다.

그래서 내 모습을 알았다, 내 업장을 알았다고 하는 것은 이미 괴로움에 대한 해결책이 나온 것이나 다름없다. 다만 자신의 업장을 소멸하느냐 안 하느냐 하는 실천의 문제만이 남았을 뿐이다.

자기가 저지대에 살고 있다는 걸 모르는 사람은 홍수가 나면 무방비 상태로 수해를 당한다. 또한 자기가 사는 곳이 저지대임을 알면서도 아무 조치도 취하지 않고 사는 사람도 수해를 당한다. 저지대에 살면 미리미리 둑을 쌓거나 지대를 높이는 보수를 하면 된다. 아니면 이사를 갈 수도 있다. 그러면 수해를 면할 수가 있다.

그러니 지대가 낮거나 높은 게 그리 중요한 일이 아니다. 지대가 낮으면 그에 대한 대비를 미리미리 하면 된다. 또 설령 대비를 다 마치기 전에 비가 오더라도 홍수가 날 걸 미리 알았으니 모르고 당하는 것보다 훨씬 쉽고 안전하게 대처해 나갈 수 있다. 이것이 수행이다.

# 똥 눌 때 똥 누고, 밥 먹을 때 밥 먹고

더 이상 나는 중생이 아니다.
나는 부처가 될 사람이다.
부처가 매일 걱정이나 하고 아옹다옹하며 살아서야 되겠는가.


인생살이를 신나게 하려면 탁 트인 마음을 가져야 한다. 세상을 사는 게 얼마나 재미있는가. 마치 등산하는 것처럼 인생을 살면 된다. 이 골짜기도 가보고 저 골짜기도 가보며 살면 되는 것을 세상을 내 울타리 안에 가두어놓고 바라보려 하니 그토록 살기가 괴롭고 힘든 것이다.

갈까 말까, 할까 말까, 쓸데없이 머뭇거리고 고민할 시간이 없어야 한다. 인생살이가 아파도 아픈 것을 좀 미루어놓을 만큼 재미있어야 한다. 그래야 이 세상을 신나게 살 수 있다. 이렇게 신나게 세상을 살다가 죽을 때가 되면 또 미련 없이 떠나가야 한다.

그런데 사람들은 매일매일 인생을 고민하고 괴로워하며 죽고 싶다고 징징거리다가 막상 죽을 때가 되면 죽기 싫어서 또 괴로워한다. 똥 눌

때 똥 누고 밥 먹을 때 밥 먹어야 하는데, 똥 누러 가서는 밥 생각 하고 밥 먹으러 가서는 똥 생각 하는 것처럼 세상을 거꾸로 살아간다. 그러면서 자신의 삶이 고통스럽다고 남에게 도와달라고 부탁하는 인생을 산다.

나도 부처가 되겠다는 원을 한번 세워보라. 더 이상 우리는 중생이 아니다. 우리는 부처가 될 사람들이다. 부처가 매일 걱정이나 하고 아옹다옹하며 살아서야 되겠는가. '나는 부처다. 절대 일그러진 모습으로 쩨쩨하게 살지 않겠다'는 원을 세우고 힘차게 살아가야 한다.

사랑이 왜 미움이나 슬픔으로 바뀌는가?

상대에 대한 이해가 아닌,

상대를 자기 식대로 소유하려는 아집에서 비롯되었기 때문이다.

이런 사랑은 아주 쉽게 고통으로 바뀐다.

3장

네 발 밑을 보라

## 깨달음의 길

마음을 돌이킬 때
그것이 진정한 좌선이고 염불이다.
그런 마음속에 깨달음의 길, 부처의 길이 열린다.

마조도일馬祖道一 스님이 좌선을 하고 있었다. 스승인 남악회양南岳懷讓 선사가 그 옆을 지나다가 물었다.

"지금 무엇을 하고 있느냐?"

"좌선하고 있습니다."

"좌선을 해서 무엇을 얻고자 함이냐?"

"부처가 되고자 합니다."

스승은 곧 어디선가 벽돌을 가지고 왔다. 그리고 제자 옆에 앉아서 벽돌을 갈기 시작했다. 이를 궁금하게 여긴 제자가 물었다.

"스승님, 무엇을 하고 계십니까?"

"거울을 만들려고 한다."

"벽돌을 갈아서 어떻게 거울을 만듭니까?"

"그럼 좌선을 해서 어찌 성불하는고?"

"그러면 어떻게 해야 합니까?"

"사람이 수레를 모는데 수레가 움직이지 않으면 수레를 쳐야 하느냐 소를 쳐야 하느냐?"

그때 마조도일 스님은 단박에 깨달았다.

좌선만이 최고의 가르침이라 알고 좌선의 형상만을 흉내 내는 제자에게 스승은 '좌선'이라 이름 붙여진 좌선이나 '염불'이라 이름 붙여진 염불로는 진정한 부처를 이루지 못함을 일러주었다.

깨달음은 좌선이라는 형식을 통해서 얻을 수 없다. 마음을 돌이킬 때 그것이 진정한 좌선이고 염불이다. 그런 마음속에서 깨달음의 길, 부처의 길은 열린다.

## 수행이라 이름 붙여진 수행

이렇게 사는 것은 무엇이며
이렇게 살지 않는 것은 또 무엇인가?

사람들은 자기 안에 모순 덩어리가 있음을 모른다. 미망에 가려져 자신이 어리석다는 것조차 모를 때가 많다.

언젠가 어떤 분이 사는 게 괴롭다고 찾아온 적이 있다.

"스님, 더 이상 이렇게 살아서는 괴로워서 안 되겠습니다. 내 나이가 벌써 오십이 되어갑니다. 더 늙기 전에 부지런히 수행해야 할 텐데 이렇게 하루하루를 허송세월로 보내고 있으니 참으로 한탄스럽고 괴롭습니다."

그래서 물어보았다.

"이렇게 사는 것은 무엇이며, 이렇게 살지 않는 것은 또 무엇입니까?"

"이렇게 사는 것은 돈 벌고 세상살이하는 거고, 이렇게 살지 않는 것은 수행을 하는 것입니다. 수행하지 않고 사니 그것이 괴롭습니다."

"그런데 무엇 때문에 수행을 하시려 합니까?"

"해탈하려고요."

"해탈이 무엇입니까?"

"괴로움에서 벗어나는 것입니다."

이 대화 속에서 모순을 발견할 수 있는가? '수행을 하지 못해 괴롭다' '수행이 안 돼서 괴롭다'고 할 때의 수행은 도대체 무엇인가?

괴로움에서 벗어나기 위해 수행해야 하는데 수행을 하지 못해 괴롭다면, 괴로움에서 벗어나는 목적이 또 다른 괴로움이 되는 것이거늘 어떻게 괴로움에서 벗어나는 수행을 한단 말인가? 괴로움에서 벗어나기 위해 또 하나의 큰 괴로움을 만드는 격인데도 그는 자신의 말 속에 담긴 모순을 깨닫지 못했다.

이런 수행은 수행이라 이름 붙여진 수행일 뿐이며, 이때의 해탈은 해탈이라 이름 붙여진 것에 불과하다. 이것은 진짜 수행과 해탈과는 아무 상관이 없다.

내가 이 세상을 굴려야지 내가 이 세상에 굴림을 당해서야 되겠는가.

# 스승은 내가 만든다

믿는 마음이 있을 때 비로소 스승도 있다.
내가 그를 믿으면
그는 곧 내 스승이 된다.

 스승은 내 어리석음을 깨우쳐 주고자 많은 가르침을 베푼다. 그러나 어리석은 제자는 1년이 지나도 2년이 지나도 '나는 아직 배운 게 없다'고 생각하기 십상이다. 믿는 마음이 있을 때 비로소 스승도 있다. 마조 스님은 좌선해서 어떻게 성불하느냐는 스승의 질문을 받고 자기 생각에 모순이 있음을 깨달았다.
 꼭 대단한 능력이 있어야만 스승이 되는 게 아니다. 내가 그를 믿으면 그는 곧 내 스승이 된다. 나무토막도 굳은 믿음으로 대하면 부처가 될 수 있고, 아무리 훌륭한 분이라도 내가 믿는 마음을 일으키지 못하면 그는 나에게 아무 능력도 영험도 없는 존재일 뿐이다.
 나무로 만든 불상도 내가 부처님 앞에 서 있듯 진실한 마음을 내면 영험이 생기거늘, 하물며 사람 앞에서 지극하게 내 마음을 돌이킨다면 그 영험이 얼마나 크겠는가. 살아 있는 사람 앞에서 그분을 부처님이라 생각하고 내 마음 한번 돌이키면 그 영험은 말로 할 수 없을 만큼 크다. 그런데도 사람들은 이처럼 영험이 무량하고 결과가 확실한 행위를 하려 하지 않는다.

돌부처 앞에서는 엎드려 절하면서 부모 앞에서 남편 앞에서 아내 앞에서 자식 앞에서 절하지 못하는 이유가 무엇인가? 돌멩이도 부처라 여기면서 그들을 부처라 여기지 못하는 까닭이 무엇인가?

돌멩이로 만든 불상이라도 내가 진정 부처라 믿고 절하면서 한마음 돌이키면 결국 자신을 위한 복덕이 되는데, 어찌 아내나 남편, 부모나 자식에게 머리 숙이고 내 마음 돌아보는 수행을 하는데 공덕이 없겠는가.

'여기를 파면 물이 나온다'고 스승이 일러주면 제자는 응당 삽을 가져와서 파야 한다. 그러나 공부가 안 된 제자는 땅 팔 생각은 안 하고 '여기 파면 정말 물이 나옵니까?' '정말 나옵니까?' 하고 물으러 다니기에 바쁘다.

여기를 파면 물이 나온다는 스승의 말을 믿는다면 바로 땅을 파기 시작해서 물이 나올 때까지 파내려가는 자세가 필요하다. 그런데 조금 파다가 물이 안 나오니 스승의 말을 의심하면서 그 자리가 맞느냐고 스승에게 또 물으러 간다. 이런 믿음으로는 아무런 영험이 있을 수 없다.

　스승에게 물어놓고도 스승을 믿지 못하고 그 말씀대로 행동하지 않는 이 모순을 봐야 한다. 스승에 대한 믿음이 없으니 자꾸만 묻게 되고, 스승의 말씀대로 좇아 행동을 해도 이내 회의가 오고 의심이 생겨 일을 그만두니, 물은 얻지 못하고 공연히 구덩이만 여기저기 파놓는 고생만 할 뿐이다.

# 어리석은 사람, 깨어 있는 사람

어리석은 사람은 복과 재앙을 따로 구별하지만
깨어 있는 사람은 세상 어떤 일에도
재앙과 복을 따로 생각하지 않는다.




고등학교에 다닐 때 수학을 좋아했다. 그런데 한 번은 수학시험 점수가 나쁘게 나와 나로서는 도저히 받아들여지지가 않았다. 곧바로 교무실로 달려가 수학선생님께 확인해 보았다. 시험지 한쪽 면이 빨간 펜으로 그어져 있었다. 하지만 아무리 들여다보아도 틀린 답이 없었다.

선생님께 틀린 게 없는 것 같다고 말씀드리자, 선생님은 큰 소리로 버럭 야단을 치셨다.

"뭐가 안 틀렸어?"

"다 맞는데요."

"이 자식이 아직도 정신을 못 차리는구먼. 잘 봐. 뭐가 틀렸는지."

하지만 아무리 보아도 틀린 것을 찾을 수 없어 그 자리에 머뭇머뭇하고 있으니 선생님이 종이를 꺼냈다.

"$\int x^2 dx = \frac{1}{3}x^3 + C$라고 써야 되는데 +C를 안 붙였잖아."

"+C를 안 붙였다고 틀려요? $\frac{1}{3}x^3$을 미분하면 $x^2$이니까, 반대로 $x^2$을 적분하면 $\frac{1}{3}x^3$이 되는 건 맞잖아요!"

"이 자식, 아직도 정신 못 차리고 있어. $\frac{1}{3}x^3 + 1$ 미분하면 얼마야?"

"$x^2$입니다."

"$\frac{1}{3}x^3 + 100$ 미분하면?"

"$x^2$입니다."

"$\frac{1}{3}x^3 + 10000$ 미분하면?"

"$x^2$입니다."

"그러면 $x^2$을 적분하면 얼마야?"

"$\frac{1}{3}x^3$입니다."

"자식, 아직도 정신 못 차리는군. $\frac{1}{3}x^3 + 1$일 수도 있지?"

"예."

"$\frac{1}{3}x^3 + 2$일 수도 있지?"

"예."

"+100도 되지?"

"예."

"+10000도 되고."

"예."

"그러면 그 뒤에 붙을 수 있는 상수가 얼마나 되겠어?"

"무한히 많습니다."

"그런데 너는 무한히 많은 것 중에 $\frac{1}{3}x^3$ 하나만 썼잖아."

"예."

"무한대분의 1은 얼마야?"

"0입니다."

"그래, 그러니 0점이지."

그 순간 뒤통수를 한 대 얻어맞은 듯 멍해졌다. +C 하나 붙이고 안 붙이는 걸 대수롭지 않게 생각했는데, 선생님은 그것이 왜 중요한지를 수학적으로 증명해 준 것이다. 나는 내가 가장 자신 있어 하던 과목인 수학에서 왜 그렇게 틀릴 수밖에 없었을까를 생각해 보았다.

설에 들어와 살면서 수업 시간에 빠지는 날이 점점 많아졌다. 오늘 뭘 배울 것인가를 따져보고 굳이 선생님 설명 없이도 혼자 공부할 수 있다고 판단되면 수업 시간에 들어가지 않았다. 그런데 그날 선생님이 그런 나의 교만을 사정없이 깨뜨려주신 것이다.

혼자서 공부하는 것과 선생님께 배우는 게 겉으로 보기엔 별 차이가 없어 보이지만 사실은 큰 차이가 있다는 걸 그날 깨달았다. 선생님의 경험을 통한 가르침, 그것은 혼자 공부해서는 알 수 없는 가르침이었다.

  세상일도 그렇다. 어떤 일을 혼자 할 때 거기엔 장점도 있지만 다른 사람의 경험으로부터 얻은 교훈을 배울 수 없다는 단점도 있다.

  학창 시절의 사건을 돌이켜 보면, 그때 좋은 성적을 받은 것보다 수학 문제를 틀리고 선생님께 야단맞은 것이 내 인생에 더 큰 도움이 되었음을 알 수 있다. 내 교만과 어리석음을 자각할 수 있었으니 말이다.

  이처럼 인생을 살아가면서 어떤 손실이나 어려움이 있다고 해서 그것이 반드시 재앙이 되는 것은 아니다. 어떤 사건이 재앙이 되는 것은 그 사건 자체에 있지 않다. 그 사건에 휘말려 응당 배울 수 있는 교훈을 얻지 못할 때, 그것이 손실이며 재앙이 된다. 반면 그 사건을 통해 무엇인가를 깨달으면 그 사건은 내게 이익이 된다.

어리석은 사람은 복과 재앙을 따로 구별하지만, 깨어 있는 사람은 세상 어떤 일에도 재앙과 복을 따로 생각하지 않는다. 깨어 있는 사람은 다른 사람이 칭찬한다고 우쭐대면 그것이 재앙으로 돌아오기 쉽다는 것을 안다. 또 다른 사람의 비난에 자기를 깊이 돌이키면 그것이 도리어 큰 복이 된다는 것을 안다. 이것이 현재에 깨어 있는 사람이다.

## 네 발 밑을 보라

신발을 벗을 때
마음이 신발 벗는 데 있지 않고 방에 먼저 가 있으면,
신발을 아무렇게나 벗어던지게 된다.

대학 시험치는 학생에게 수능 시험 실패는 굉장히 큰 사건이다. 입시에 실패하고 재수를 하게 된다면 하늘이 곧 무너질 것 같은 기분이 든다. 하지만 10년, 20년이 지나서 돌아보면 재수했느냐 안 했느냐는 그렇게 중요하지 않다. 재수하면서 배우는 것도 많다.

또 인생의 길이 꼭 내가 원하는 대학에 가는 것에만 있는 것도 아니다. A대학에 가려고 했는데 B대학에 가서 더 잘될 수도 있고, A대학에 못 가고 재수를 해서 C대학에 간 게 더 잘된 일일 수도 있다. 또 대학에 가지 않고도 자기가 가진 재능을 살려 더 크게 성공할 수도 있다.

이렇듯 길은 한 가지만 있는 게 아니다. 성공은 여러 갈래의 길을 통해 긴 시간을 두고 열려 있다.

    만약 수능 점수가 낮게 나왔다면 재수할 것인지 말 것인지 지금 당장 선택할 필요가 없다. 일단은 현재 성적으로 들어갈 수 있는 대학에 응시하면 된다. 그렇게 해서도 떨어지면 그때 재수해도 된다.

    합격했다면 그 대학에 다녀도 되고, 휴학하고 재수해도 되고, 학교를 안 다녀도 된다. 그 대학에 계속 다닐 건지 안 다닐 건지 그것은 한 달 뒤에도 얼마든지 선택할 기회가 있다. 현재 성적으로 원하는 대학에 갈 수 없다고 앞뒤 생각 없이 포기하고 재수하기로 작심했다가 다음 해에 수능 성적이 더 떨어지면 '그때 성적으로 갈 수 있는 대학에 갈 걸' 하고 후회하게 된다.

    이렇듯 현재 자신의 처지에서 할 수 있는 일을 충실히 하면 그다음 선택의 폭이 넓어진다. 그 대학을 다니는 것과 그만두고 재수하는 것,

대학을 아예 다니지 않는 방법 중 어느 하나라도 자유롭게 선택할 수 있다. 하지만 지금 당장 선택하려고 조급하게 굴면 그만큼 선택의 폭도 줄어든다.

'아이고, 그때 그럴걸' 하는 것은 현재에 깨어 있지 못했기 때문에 드는 생각이다. 사람들은 흔히 시간이 지나고 나서야 과거에 선택을 잘못 했음을 깨닫는다. 그 이유가 어디 있을까? 그때 무엇인가에 사로잡혀 있었기 때문이다.

외출했다가 돌아와 신발을 벗을 때, 마음이 신발 벗는 데 있지 않고 방에 먼저 가 있으면 신발을 아무렇게나 벗어던지게 된다. 이는 내가 현재에 집중하지 않기 때문에 일어나는 일이다. 그래서 불가에서는 '네 발 밑을 보라'고 한다.

# 사실을 있는 그대로

왜 하나밖에 없는 내 인생을 희생하는가.
인생을 후회 없이 살기 위해
사물을 객관적으로 있는 그대로 보아야 한다.

언젠가 결혼을 앞두고 찾아온 사람에게 '그 사람과 왜 결혼하려 하느냐?'고 물어보았다. 그 사람이 이러저러해서 결혼하려 한다는 이유를 듣고는 그 사람과 결혼하지 않는 게 좋겠다고 말해주었다. 그러자 그는 '스님은 자기만 결혼 안 하면 되지 왜 남까지 못하게 하나'며 농담 투로 항의했다.

하지만 내가 그에게 결혼하지 않는 게 좋겠다고 말한 이유는, 그의 배우자 선택이 그가 생각하는 결혼의 목적과 맞지 않았기 때문이다. 그러니 결혼의 목적을 달성하려면 사람을 바꾸든지, 그 사람과 결혼하려면 결혼 목적을 바꾸든지 해야 한다. 앞뒤가 맞지 않는 선택이니 그만두는 게 좋겠다고 말한 것이다.

그렇다면 그런 결혼은 하지 않아야 하는 걸까? 그렇다. 현재 자신의 태도를 바꾸지 않으려면 혼자 사는 게 낫다.

하지만 꼭 그 사람과 결혼하겠다면 자기 생각을 바꾸어야 한다. 내 고집, 내 생각을 바꾸라는 뜻이다. '내 인생도 내 맘대로 다스리지 못하니 다른 사람 인생에 절대 간섭하지 않겠다'고 다짐하고 거기에 맞게 결혼 생활을 하라는 말이다.

부부가 더이상은 못 살겠다고 찾아와 상담을 할 때 대개 스스로가 답을 가지고 온다. 스님한테 가봐야 이혼하라는 소리는 안 하고 '어쨌든 참고 살아라' '여자가 참아라' 이렇게 말할 것이라고 지레 짐작한다. 천만에, 그렇지 않다. 내가 혼자 사는 사람인데 왜 남에게 억지로 결혼 생활을 하라 하겠는가. 사람은 반드시 결혼해야 한다든가 결혼하지 않아야 한다는 식의 생각은 아집일 뿐이다.

이혼하려는 부부는 대개 자식 걱정과 배우자에 대한 원망이 마음 밑바닥에 남아 있다. 그리고 이혼에 이르게 된 갈등의 원인이 부부 한쪽에만 전적으로 있는 경우는 거의 없다. 그런데 이런 자식 걱정과 배우자에 대한 원망과 자기모순의 생각에 빠져 이혼을 하게 되면, 이혼 뒤에 닥치게 마련인 여러 가지 상황과 시련 속에서 '아! 내가 그때 잘못 생각했구나' 하고 후회하게 된다. 이런 후회가 깊어지다 보면 삶이 더욱 괴로워질 수밖에 없다.

순간순간 마음을 어떻게 쓰느냐에 따라 내 인생이 달라집니다.

그러니 이혼하기 전에 정신을 바짝 차리고 내 마음을 하나하나 깊이 살펴봐야 한다. 그렇게 정신을 바짝 차리고 보았는데도 도저히 결혼 생활을 유지할 수 없다면, 그때는 이혼해도 된다. 그 누구도 행복해지려고 결혼했지 불행해지려고 결혼한 것은 아니기 때문이다. 하지만 그 전에 자기 생각으로 상대를 재단하거나 추측하지 말고, 이런저런 상상으로 그림을 그리며 괴로워하지 말고, 담장 밖에서 다른 집안 일을 바라보듯이 자신의 부부관계를 객관적으로 볼 수 있어야 한다.

그런데 배우자를 그렇게 객관적으로 볼 수 있으려면 내가 상대방의 처지가 되어 보아야 한다. 남편은 아내의 관점에서 생각해 봐야 하고, 아내는 남편의 입장이 되어 생각해 봐야 한다. 이는 무조건 배우자 입장이 되어 참고 살라는 말이 아니다. 희생하라는 말은 더더욱 아니다. 왜 하나밖에 없는 내 인생을 희생하는가. 내 인생을 희생하라는 게 아니라 내 인생을 보다 후회 없이 살기 위해 사물을 객관적으로 보라는 말이다. 사실을 있는 그대로 보고 제대로 결정해 나중에 후회하는 삶을 살지 말라는 말이다.

이는 부부 관계에만 적용되는 이야기가 아니다. 자식과 부모 관계에서도, 친구 사이에도, 직장에서도 갈등이 생기면 우선 상대방의 처지에 서서 보라. 상대편 처지에서 보지 못하면 절대 객관적이 될 수 없다.

객관적이라는 것은 자기 생각을 내려놓는 것이다. 그렇게 객관적으로 제대로 보고 그다음에 판단해야 한다. 그래서 상대가 이해되면 화해하고 사는 것이고, 아무리 살펴봐도 이 점만은 꼭 해결해야겠다고 생각되면 해결하면 된다.

# 과거를 돌이켜 미래의 관점에서 현재를 보다

공간적으로는 넓게 보고
시간적으로는 길게 보는 것.
사물을 긴 호흡의 관점에서 확대해 보는 안목.

사람들은 늘 자기 관점에서 상대를 본다. 자신의 이해관계에 얽매여 사물을 본다. 그렇게 보면 사실을 제대로 판단하기가 어렵다.

어떻게 행동할까는 좀 뒤로 돌려놓고 먼저 있는 그대로 보라! 이것이 우리를 해탈과 열반으로 이끄는 여덟 가지 올바른 길 팔정도八正道의 첫 번째 길인 정견正見이다.

강의 상류에 폭우가 쏟아져 하류로 물이 흘러드는데도 하류에는 비가 오지 않으니 괜찮을 거라는 자기 생각에 사로잡혀 아무 대비를 하지 않는다면 십중팔구 수해를 입게 된다. 실제는 어떠한가? 상류에 비가 와서 하류도 얼마 안 가 둑이 넘치게 된다는 것, 이것이 있는 그대로의 모습, 실상이다.

그럼 실상을 제대로 보고 나면 다음에는 어떻게 해야 할까? 즉, 어떻게 판단해야 할까? 상류에 비가 와서 홍수가 진다 해도 강수량, 강폭, 강의 깊이, 현재 저수된 물의 양 등을 따져보아 둑이 넘치지 않고 그냥 지나갈 수준이라고 판단되면 다른 사람들이 모두 난리법석을 떨어도 태연히 있을 수 있다. 하지만 반대로 둑이 넘칠 가능성이 있다고 판단되면 다른 사람들이 다 괜찮다고 해도 둑을 쌓아야 한다. 그러나 강수량이 너무 많아 둑으로는 도저히 막을 수 없다고 판단되면 일단 높은 곳으로 피신하고 볼 일이다.

이렇게 인생을 올바르게 살기 위해서는 정견이 필요하다. 하지만 정견만 가지고는 안 된다. 바로 보았으면 거기에 따른 올바른 판단이 서야 한다. 이를 가리켜 정사유正思惟라 한다. 정견과 정사유를 지혜라 한다.

수행이란 무엇인가? 지혜롭게 살아가는 법이다. 사람들은 '내가 잘났다' '내가 옳다'는 자기 생각에 사로잡혀 실상을 바로 보지 못한다. 아상我相에 사로잡혀 잘못 판단하고 행동한다. 무지의 근원인 '내가 옳다'라는 바로 그 아상의 벽을 무너뜨리기 위해 '제가 잘못했습니다, 제가 부족합니다, 제가 틀렸습니다' 하고 절하며 숙이는 게 참회 수행이다.

도저히 이해 못 할 상대방의 입장에 서서 그가 왜 저렇게 행동하지

수행의 길, 나도 기쁘고 세상에도 도움이 되는 부처의 길.

않으면 안 되는 건지, 그가 자란 성장 배경과 그의 마음을 가만히 살펴보는 것이 수행이다.

이렇게 해서 그를 이해하게 되면 내가 덜 답답해진다. 더 나아가 그를 충분히 이해하고 그에 대한 자비심이 일어난다면 내가 그의 문제를 해결해 줄 수도 있다.

그런데 내 생각에 사로잡혀 상대를 이해하지 못하고 내 생각만 주장하고 상대를 뜯어고치려 하면, 나는 나대로 답답하고 상대는 상대대로 괴롭고 해결되는 건 아무것도 없다. 이렇게 우리는 어리석게 살아가고 있다.

현재에 항상 깨어 있기는 참 어렵다. 사건이 생기면 저도 모르게 거기에 휘말리고, 한참을 지나서야 알아차리고 후회한다. 당시로서는 정말 큰일이었던 일도 지금 와서 보면 별것 아닌 일로 느껴지는 것이 많다. 그러니 지금 닥친 큰일도 미래의 어느 시점에서 보면 별것 아닌 일일 수도 있음을 미리 짐작해 볼 수 있다. 즉, 과거를 돌이켜 미래의 관점에서 현재를 바로 보는 것이다.

또 나에게는 이 일이 큰일이지만 제3자의 시각으로 보면 별것 아닌 일인 경우가 대부분이다. 그러니 내 일을 다른 사람의 입장에서 볼 수 있어야 한다. 즉, 공간적으로는 넓게 보고 시간적으로는 길게 보자는 것이다.

자기 생각에만 사로잡히거나 그 순간에만 집착하면 시야가 좁아지고 단견에 빠진다. 사물의 일부분이나 어느 한 면만을 보고 결정하면 나중에 크게 후회하기 쉽다.

어떤 경우든 사물을 긴 호흡의 관점에서, 주관적 이해관계가 아닌 다른 사람의 처지까지 확대해서 보는 넓은 안목을 가져야 한다. 바르게 볼 때 비로소 바르게 판단할 수 있다. 첫 단추를 바르게 꿰지 못하면 그 뒤의 단추는 계속해서 잘못 꿸 수밖에 없다. 부처님 법을 공부하는 가장 중요한 의미도 바로 여기에 있다. 이것이 인생을 바르게 사는 근본 바탕이다.

사물을 긍정적으로 바라보면 운명이 바뀝니다.

# 사랑이 왜 미움이나 슬픔으로 바뀌는가

나는 지금 내가 만나는 사람을 진정으로 이해하고 있는가?
내 고집으로 그에게 무엇인가를 윽박지르고 있지는 않는가?

한 아이가 개울에서 게 한 마리를 잡아 다리 하나를 잡아떼었다. 같이 놀던 아이들이 그걸 보며 환호성을 지르며 즐거워했다. 친구들이 즐거워하는 모습에 아이는 게의 다리를 다 떼어 개울에 던지고는 다른 게를 잡아 다시 다리를 떼려고 했다.

그 모습을 보고 부처님이 물었다.

"얘들아, 누군가가 너희 팔이나 다리를 잡아서 뗀다면 어떻겠느냐?"

"그야 굉장히 아프겠죠."

"누군가가 너희 팔과 다리를 잡아떼는 것을 너희 아버지와 어머니, 형제들이 본다면 어떻겠느냐?"

"굉장히 슬프겠죠."

"그래, 게에게도 아버지와 어머니, 형제들이 있단다. 다리가 다 떼어진 게를 보고 다른 게들이 얼마나 슬퍼하겠느냐."

그제서야 아이들은 자신들이 하고 있는 행동이 얼마나 나쁜 짓인지 깨닫게 되었다.

"잘못했습니다. 저희가 몰랐습니다. 부처님, 다시는 이런 장난을 하지 않겠습니다."

부처님이 말씀하셨다.

"잘못한 줄 알면 됐다. 알았으니 이제 앞으로 다시는 그렇게 하지 않는 것이 중요하단다."

무지로 말미암아 자기 자신뿐만 아니라 다른 사람까지 괴롭히는 어리석은 중생의 삶을 일깨워주신 부처님의 가르침이다. 한 마리 게일망정 그 게의 아픔을 이해하는 것이 중요하다. 진정한 사랑은 이해를 동반해야 한다.

오늘날 우리의 사랑은 어떠한가? 상대에 대한 이해를 기반으로 이루어진 사랑이기보다는 소유욕, 탐욕, 아집 등을 통해서 이루어지는 사랑이 대부분이다. 이런 사랑은 언제든지 미움이나 슬픔으로 바뀌기 십상이다. 사랑하는 사람이 자기 마음에 들지 않을 때, 자기 뜻대로 되지 않을 때, 사랑은 곧바로 미움으로 바뀐다.

사랑이 왜 미움이나 슬픔으로 바뀌는가? 그것은 사랑이 상대에 대한 이해가 아닌, 상대를 자기 식대로 소유하려는 아집에서 비롯되었기 때문이다. 이런 사랑은 아주 쉽게 고통으로 바뀐다.

　나는 지금 내가 만나는 사람을 진정으로 이해하고 있는가? 내 고집으로 그에게 무엇인가를 윽박지르고 있지는 않는가?

물들까 겁내지도 않고,

물들지 않는 걸 능사로 여기지도 않는

사람들과 함께 살면서 세상을 아름답게 물들이는 사람.

자기를 더럽혀서 더러운 때를 닦아내는 걸레처럼

스스로 걸레가 되어 사람들을 깨끗하게 만들어버리는 사람.

4장

세상을 물들이는 사람

## 물드는 사람

남이 대학 가니 나도 대학 가고, 남이 차를 사니 나도 차를 사야 하는 줄 안다.
내가 주체적으로 사는 것 같지만
실은 나도 모르게 남 따라 살아가고 있다.

나쁜 환경이 주어졌을 때 그 환경에 어떻게 대처하는가에 따라 사람을 네 가지로 나눌 수 있다.

첫 번째는 나쁜 환경에 쉽게 물드는 사람이다. 두 번째는 나쁜 환경을 일부러 멀리해 물들지 않는 사람이고, 세 번째는 나쁜 환경 안에 있으면서도 물들지 않는 사람이다. 네 번째는 나쁜 환경에 물들지 않을 뿐 아니라 오히려 그 나쁜 환경을 좋은 환경으로 물들이는 사람이다.

그렇다면 물드는 사람은 어떤 사람인가?

술 마시는 친구와 같이 살다 보니 자기도 모르게 술 마시게 되고, 화 잘 내고 욕 잘하는 사람과 같이 살다 보니 자기도 덩달아 화 잘 내고 욕 잘하게 되고, 매일 늦잠 자는 사람과 같이 살다가 자기도 늦잠 자게 되고, 욕심 많은 사람과 같이 살다가 자기도 모르게 탐욕스럽게 되는 사람이다. 마치 안개비에 옷 젖듯 나도 모르게 그렇게 물들어 버리는 사람이다.

범부 중생은 이렇게 나쁜 것에 쉽게 물드는 사람이다. 그런데 이렇게 물드는 사람에게 왜 그렇게 되었는지를 물어보면 "그러고 싶어서 그랬나? 같이 살다 보니 그렇게 됐지"라고 대답한다.

우리 사는 게 다 이렇다. 초등학교 갈 때에도 남이 가니 따라갔고, 직장도 결혼도 남이 하니까 따라한다. 고등학교 다닐 때까지 술을 마시지 않던 아이도 대학 가면 친구 따라 같이 술을 마시게 되고 담배도 따라 피운다. 남들 다 하는데 나만 안 하면 이상한 것 같아서 따라한다. 직장 동료가 아파트 사면 나도 아파트 사고, 옆집 사람이 자동차를 바꾸면 나도 그래야 하는 줄 안다.

내가 주체적으로 사는 것 같지만 실은 나도 모르게 이렇게 남을 따라 살아가고 있다. '남이 장에 가니까 거름 지고 장에 간다'는 속담처럼 남 가니까 나도 무조건 따라가는 이런 사람을 범부 중생이라고 한다.

사회 비리와 관련되어 신문에 크게 보도되는 사람들도 알고 보면 자기 앞 사람이 하는 걸 보고 그렇게 해도 되는 줄 알고 했다고 한다. 사람이 특별히 나쁘거나 악심이 있어서 그런 게 아니라 그냥 남 하는 대로 따라한 것이다. 촌지 받는 선생님도 선배 선생님들이 그렇게 하니까 따라한 것이고, 그래서 죄의식도 별로 없다. 그래서 뇌물 수수가 드러나 조사를 받게 되면 '남들 다하는 일인데 나만 재수가 없어서…' 이렇게 생각한다.

이렇게 범부 중생은 주변 환경에 쉽게 물든다. 맹자 어머니가 아들 교육을 위해 세 번 이사한 것도 이런 이유 때문이다. 사람들은 좋은 물보다는 나쁜 물에 더 빨리 쉽게 물든다. 하지만 그렇다고 좋은 것이라 해서 특별히 배우기 어려운 건 아니다. 주위에 있는 사람들이 다 그렇게 행동하면 당연히 따라 배워 그렇게 하게 된다.

# 경계를 멀리해서 물들지 않는 사람

이 사람은 이러저러해서 좋고, 저 사람은 이러저러해서 싫다.
이 정반대 감정의 근본은 같다.
둘 다 욕구에 바탕을 두고 있다.

경계를 멀리해서 물들지 않는 사람은 나쁜 것을 멀리 함으로써 물들지 않는 사람이다. 이런 사람은 술 먹는 친구를 멀리하고, 담배 피우는 사람과 가까이 하지 않고, 욕하는 사람과는 같이 다니지 않는다. 나쁜 사람들과의 관계를 끊어버리고 담을 쌓아 피한다. '까마귀 노는 곳에 백로야 가지 마라'는 거다. 함께하지 않음으로써 물들지 않으려는 것이다.

이렇게 더러움에 물들지 않는 사람을 우리는 '깨끗하다, 청정하다, 고고하다, 고상하다'고 말한다. 대표적인 경우가 출가한 스님들이라고 할 수 있다.

주변에 물드는 사람들은 이런 부류의 물들지 않는 사람을 존경한다.

그래서 신격화시키기도 하고 우상화시키기도 한다. 하지만 그렇게 존경하면서도 자신은 그렇게 살지 않는다. 그렇게 존경스러우면 당신도 그렇게 살면 되잖냐고 하면, "아니, 사람이 어떻게 그렇게 살아?" 하면서 고개를 절레절레 흔든다. 그러면서도 또 그들을 신비화시키고 우러러본다. 자기는 그렇게 살지 않으면서 남에게는 그렇게 살라고 기대하고 요구한다.

또 그렇게 살지 않는 이유를 이렇게 말하기도 한다. "사람이 다 그렇게 살면 세상이 어떻게 돌아가겠어?" 마치 세상을 걱정해서 물들어 사는 듯이 말한다.

그런데 이 첫 번째와 두 번째 부류의 사람은 물들 위험에 놓여 있다는 점에서는 같다. 두 부류 다 경계에 물드는 존재기 때문에 그것을 따라가든 거부하든 경계로부터 자유롭지 못하고 종속적일 수밖에 없다.

첫 번째 부류의 사람은 '세상을 따라갈 수밖에 없다'는 데 속박되어 있는 반면, 두 번째 부류의 사람은 '세상을 따라가면 안 된다'는 데 속박되어 있다. 다시 말해 첫 번째가 자신의 욕망에 갇혀 있다면, 두 번째는 그 경계나 상황을 피하려는 생각에 갇혀 있는 것이다.

첫 번째 부류가 자기 집에 갇혀 있다면, 두 번째 부류는 집을 떠났지만 다시 산 속에 갇혀 있는 것과 마찬가지다. 첫 번째 부류가 '사람이 고기 먹고 술 마셔야지 그것 없이 무슨 재미로 사나?'라는 생각의 울타리 안에 갇혀 산다면, 두 번째 부류는 '술을 마시면 안 되고, 고기도 먹으면 안 된다'는 생각에 갇혀 있는 것이다.

보통 우리가 '이 사람은 이러저러해서 좋고 사랑하지만, 저 사람은 이러저러해서 싫고 밉다'라고 할 때, 이 정반대의 감정은 근본에서는 같다. 그 근본은 욕구다. 사람들은 자기 욕구를 만족시키면 좋아하고, 그렇지 않으면 싫어한다. 동전의 양면처럼 근본 뿌리에서 보면 애증은 같은 것이다.

# 경계 속에서 물들지 않는 사람

욕망에서 벗어났기에 자유로운 사람.
어떤 상황에서도 물들지 않는 사람,
바로 대승보살이다.

경계 속에 있으면서도 물들지 않는 사람은 상황을 피해서 물들지 않는 게 아니라 상황 안에 있으면서도 그 상황에 물들지 않는 사람이다. 담배 피우는 사람들과 같이 어울려 있으면서도 담배를 피우지 않고, 술 마시는 친구들과 같이 있어도 술을 마시지 않는다. 욕심내는 사람들과 세상살이를 같이 하면서도 욕심을 내지 않는 사람이다.

적어도 이 단계에 이르러야 자유를 말할 수 있다. 온갖 욕망에 사로잡혀 있는 것을 경계에 속박되어 있다고 말한다. 그런데 이 세 번째 단계는 욕망에서 벗어났기 때문에 경계로부터 자유롭다고 말할 수 있다. 어떤 경계에도 걸리지 않고 흔들리지 않아 어떤 상황에서도 물들지 않는 사람, 불교에서 말하는 대승보살이다.

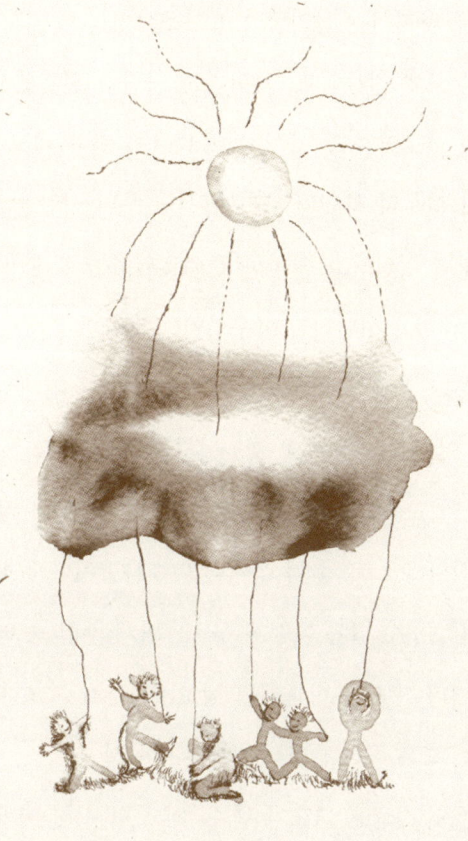

꿈을 깨고 나면 다만 '아! 꿈이었구나' 할 뿐입니다.

첫 번째 부류의 물드는 사람은 뱃놀이를 하러 바다에 나갔다가 파도에 휩쓸려 물에 빠져서는 살려달라고 아우성치는 사람과 같다. 자기를 낳고 길러준 부모와 갈등하고, 사랑하는 사람과 결혼했지만 행복하기는커녕 오히려 괴로워하고, 자식이 내 마음에 안 든다고 화내고, 직장에서는 동료나 상사와 부딪치고… 이렇게 주위 사람들과의 관계에서 화내고 짜증내고 미워하고 슬퍼하고 외로워하는 모습이 마치 파도에 휩쓸려 허우적대며 살려달라고 아우성치는 사람과 같다.

두 번째 부류의 경계를 피해 물들지 않는 사람은 거대한 방파제로 파도를 막고 그 안에서 안온하게 뱃놀이하는 사람과 같다. 삶이 괴로워 몸부림치다가 그 모든 게 헛됨을 알고 세상과의 인연을 끊고 산이나 숲으로 들어가 버린다. 그렇게 다 끊어버리니 사람이나 일 때문에 괴로울 일 없이 '이제 누구도 나를 어떻게 못 해. 이게 제일 속 편하지' 하면서 살아간다. 그러나 그것은 방파제를 쌓고 그 안의 고요한 호수에서 노 저으며 노니는, 작은 공간에 갇혀 사는 사람이다.

첫 번째 부류의 사람은 파도가 한 번 치고 다시 칠 때까지의 그 잠깐 사이에 행복과 불행을 함께 겪는다. 파도가 한 번 치면 어푸어푸하고 물에 빠졌다가 파도가 밀려나가면 고개를 들고 후우하고 숨을 돌린다. 그때 잠시 편안해지나 곧이어 또 다른 파도가 밀려온다. 이는 고苦와 낙樂이 순간순간 번갈아 밀려드는 인생살이를 말함이다.

두 번째 부류의 사람도 첫 번째 부류의 사람처럼 고와 낙이 번갈아 오는 건 마찬가지다. 방파제를 아무리 튼튼하게 만들어도 큰 파도가 계속 치면 언젠가는 무너지게 되어 있다. 설령 방파제가 무너지지 않는다 해도 그에게 있어 자유란 방파제를 쳐놓은 공간 정도의 제한된 자유일 뿐이다. 그러니 그 역시 갇혀 있는 사람이고, 참다운 자유인이라고 할 수 없다.

세 번째 부류의 사람은 큰 배를 만들고 운행 기술을 익혀 바람과 파도를 이용해 능숙하게 배를 타는 사람이다. 그는 배를 타고 저 넓은 바다를 마음껏 다닌다. 날씨가 어떻든 간에 구애받지 않는다. 바람이 불면 바람을 이용해서 배를 타고, 파도가 치면 파도를 이용해서 달린다. 어떤 경계에 부딪쳐도 경계에 휩쓸리지 않는다. 그래서 '이것이 자유다. 열반이다'라고 말하기도 한다. 그러나 사실 이것 또한 완전한 행복, 완전한 자유는 아니다.

# 세상을 물들이는 사람

바다에 빠지면 빠져서 좋고
바다에 빠지지 않으면 빠지지 않아서 좋다.
빠지든 빠지지 않든 그 모두로부터 자유롭다.

첫 번째와 두 번째, 그리고 세 번째 부류의 사람에게는 공통점이 하나 있다.

첫 번째 부류는 바다에 빠지고 싶지 않은데 빠져서 괴로운 사람이고, 두 번째 부류는 바다에 빠지지 않기 위해 방파제를 쌓아놓고 그 안에서 노니는 사람이고, 세 번째 부류는 큰 배를 타고 자유로이 놀면서 바다에 빠지지 않는 사람이다. 이 세 부류 사람들 모두 바다에 빠지지 않는 것을 행복으로 여긴다. 행복하기 위해 바다에 빠지지 않아야 한다고 생각하는 거다.

네 번째 부류는 어떤 사람일까? 네 번째 부류의 사람은 '바다에 빠지면 안 된다'는 생각이 없다. 즉, 바다에 빠져도 좋다는 거다. 앞의 세 사람은 바닷물에 빠지지 않아야 행복하다는 생각에 갇혀 있는데, 네 번째 사람은 물에 빠져도 좋고 빠지지 않아도 좋다는 입장이다. 그래서 바다에 빠지면 어떻게 하는가? 바다에 빠진 김에 진주조개를 주워 온다.

해녀는 전복이나 해삼을 따러 바다 속으로 들어간다. 모험가들은 해저에 가라앉은 보물선을 찾으러 바다에 들어간다. 해녀나 모험가는 바다에 들어가지만 바다에 빠진 게 아니라 자기 볼일 보러 스스로 들어간 거다.

네 번째 사람은 배를 타고 바다 위를 노니다가 어쩌다 바다에 빠지면, 빠진 김에 진주조개를 주워 온다. 그러니 바다에 빠지더라도 그에게는 그것이 괴로움을 주는 사건이 되지 않는다. 자기 볼일 보러 일부러 바다에 뛰어들기도 하는데, 이왕 빠진 김에 조개를 주워 오면 된다. 그러니 네 번째 부류의 사람은 바다에 빠지면 빠져서 좋고, 바다에 빠지지 않으면 빠지지 않아서 좋다. 빠지든 빠지지 않든 그 모두로부터 자유롭다.

말하자면 첫 번째 사람은 어떤 일을 할 때 실수하지 말아야지 하는데 번번이 실수하는 수준이고, 두 번째 사람은 실수하지 않기 위해 아무 일도 안 하는 수준이며, 세 번째 사람은 뭘 해도 실수를 안 하는 수준이다.

그런데 네 번째 사람은 실수를 해도 상관없고 안 해도 상관없다. 왜 냐하면 실수를 하면 오히려 그 실수를 통해 더 큰 배움을 얻고 깨달음을 얻기 때문이다. 그러니 그에게 있어 실수나 잘못은 오히려 복이 된다. 즉, 전화위복이라는 것이다. 이 네 번째 단계를 알아야만 부처의 경지인 해탈의 의미를 알 수 있다.

그런데 네 번째 부류는 다른 사람이 알아보기가 어렵다. 첫 번째 부류의 사람과 구분이 잘 안 된다. 두 번째 부류는 첫 번째 부류와 뚜렷하게 구분되고, 세 번째 부류는 첫 번째 부류와 어울려 있어서 구분이 잘 안 되지만 가만히 관찰해 보면 다르다는 걸 알 수 있다. 세 번째 부류의 사람은 비범해 보인다. 누가 욕을 해도 화내지 않고, 술자리에 같이 어울려도 술을 마시지 않고, 친구처럼 같이 지내도 뭔가 특이하고 비범하다. 그러나 네 번째 부류의 사람은 첫 번째 사람과 똑같이 어울려 술도 마시고 노니까 그가 어떤 사람인지 알아차릴 수가 없다.

다시 비유를 들어 설명하면, 두 번째 부류의 사람은 술꾼을 친구로 삼지 않고, 세 번째 사람은 술꾼과 친구는 하되 자기는 술을 마시지 않는데, 네 번째 사람은 술꾼과 같이 어울려 술을 마신다. 그러니 술꾼과 구분이 안 된다.

하지만 그렇게 어울려 지내다 보면 어느새 술꾼 친구가 술을 마시지 않게 된다. 욕하는 사람과 같이 살면서도 나는 욕하지 않는다는 수준이 아니라, 욕하는 사람과 같이 욕하면서 살더니 같이 살던 사람이 욕을 안 하게 된다는 거다. 욕심 많은 사람들과 어울려 살았는데 같이 살던 사람들이 욕심을 내지 않게 되고, 나쁜 짓을 하는 사람들과 어울려 한참 돌아다녔는데 나중에 보니 어울리던 사람들이 다 착하게 바뀌어버린다.

이렇게 네 번째 부류는 물들이는 사람이다. 물들까 봐 겁내지도 않고, 물들지 않는 걸 능사로 여기는 것도 아니고, 사람들과 함께 살면서 세상을 아름답게 물들이는 사람이다. 자기를 더럽혀서 더러운 때를 닦아내는 걸레처럼 스스로 걸레가 되어 세상을 깨끗하게 만들어버리는 사람이다.

# 참자유

참자유는 깨달음을 통해서만 가능하다.

마음공부는 일반적으로 교육이라고 하는 따라 배우기 방식으로 되는 게 아니다. 스스로 깨달아야 한다. 참자유는 깨달음을 통해서만 가능하다.

수행은 환경에 적응하는 게 아니라 일종의 돌연변이 같은 의식혁명이다. 환경에 적응한다는 건 환경이 바뀌면 그에 따라 또 바뀐다는 말이다. 이렇게 환경에 적응해 모양이 변한 것은 그 변화가 자손에게까지 전해지지는 않는다.

그러나 돌연변이는 형질 자체가 바뀌는 것을 말한다. 수행을 계속하다 보면 돌연변이가 일어나 세상에 물들 걱정을 안 해도 되는 단계에까지 이르게 된다.

모든 속박에서 벗어나 자유로운 사람이 되고 싶으면 수행을 해야 한다. 수행을 하다 보면 여러 단계를 거치게 된다. 사람들은 첫 번째 물드는 단계에서 두 번째와 세 번째 물들지 않는 단계의 사람만 되어도 기뻐한다. 그러나 수행의 궁극적 목적은 네 번째 단계에 이르는 것이다.

이것을 『화엄경華嚴經』에서는 사법계관四法界觀이라 해서 모든 존재의 세계를 네 가지로 나누어 설명한다. 첫 번째가 사법계관事法界觀, 두 번째가 이법계관理法界觀, 세 번째가 이사무애법계관理事無碍法界觀, 네 번째가 사사무애법계관事事無碍法界觀이다.

참자유 113

## 물처럼 바람처럼

형상 없는 물이 그릇 따라 모양을 바꾸듯
뭘 해야 한다는 고집 없이 상대와 인연 따라 상응할 뿐이다.
그것이 부처의 경지다.

내 수준은 지금 어디쯤일까? 나는 어떤 수준의 사람이 되고 싶은가? 두 번째 단계를 지향한다면 현재 생활하는 삶의 방식을 바꿔야 한다. 대단한 각오와 결단이 필요하다. 기존의 생활방식과 인간관계를 다 정리해야 한다. 세 번째 단계가 되려면 삶의 형식을 바꿀 필요는 없다. 굳은 결심만 있으면 된다. 주위 사람들이 뭘 하든 말든 나와는 상관이 없다. 자기 삶에 대한 가치 기준만 뚜렷하면 된다. '그 사람이야 술을 마시든 말든 그건 그 사람의 문제일 뿐이다' 하고 바라보면 된다.

두 번째 단계를 지향하는 사람은 자기 가치 기준이 뚜렷하지 않아도 현실 사회를 떠나 깨끗한 사람들과 어울려 살다보면 자기도 깨끗해지는 게 가능하다. 아침 4시에 일어나는 사람들과 같이 살면 그 시각이면 사방에서 불을 환히 밝히고 활동을 시작하니 나도 어쩔 수 없이 일어나게 된다. 환경이 나를 조절할 수 있게 한다. 반면에 세 번째 단계의 사람은 완전히 개방된 환경에서 사니 스스로를 조절할 수 있어야 한다.

첫 번째 단계의 사람에게는 주변 조건이 아주 중요하다. 환경이 그 사람의 인생을 결정한다고 해도 과언이 아니다. 두 번째 단계의 사람은 스스로 선택한 수행 장소가 중요하다. 어느 산 밑에 가면 기가 강해서 수행하기 좋다, 어떤 스승을 모시고 공부하면 좋다, 어느 나라에 가면 수행하기 좋다 해서 수행 장소를 찾아다닌다.

첫 번째 사람이 생활의 안락함을 찾고, 마음에 드는 배우자, 마음에 드는 직장, 마음에 드는 학문 등을 찾아 헤매듯이, 두 번째 사람은 도道의 이름으로 자기 마음에 드는 사람과 장소를 찾아다닌다. 그래서 두 번째 사람도 이 사람 저 사람, 이 산 저 산, 이 절 저 절, 이 책 저 책을 찾아 부지런히 돌아다닌다.

첫 번째 사람은 먹는 것을 좋아하는데, 두 번째 사람은 먹는 것을 중요시하지 않는다. 첫 번째 사람은 시간만 있으면 잠을 자는데, 두 번째 사람은 잠도 잘 안 잔다. 첫 번째 사람은 열 명의 여자도 좋다고 하는데, 두 번째 사람은 한 명의 여자도 싫다고 한다.

하지만 세 번째 수준의 사람은 이런 경계를 별로 탓하지 않는다. 수행하는 데 환경이나 조건, 장소 같은 것에 개의치 않는다. 번뇌가 다 자

여래는 육신이 아니라 깨달음의 지혜입니다.
내 마음 밝고 가벼우면 그것이 붓다입니다.

기 마음에서 일어나는 줄 알기에 굳이 뭘 피하지도 탐하지도 않는다. 자기 인생길이 뚜렷하니 옆 집 사람이야 큰 집을 짓고 살든 말든, 남들이 아침에 일찍 일어나든 말든, 무엇을 먹든 말든, 무슨 짓을 하든 말든 그건 그 사람 인생이므로 관여치 않는다. 나는 이렇게 검소하게 사는 게 더 좋으니까 검소하게 살 뿐이다. 남을 따라할 것도 남을 배척할 것도 없다.

두 번째 사람은 첫 번째 사람을 인격적으로 무시한다. 어리석은 놈, 미친 놈, 저러니 괴롭지 하고 비웃는다. 하지만 세 번째 사람은 첫 번째 사람을 비난하지도 않는다. 그의 식성이 그렇고 그의 업식이 그러니까 하고는 그를 이해하면서 자기 일만 해나갈 뿐이다. 다른 사람에 대한 연민의 정이 없다는 말이 아니다. 상대방이 어떻든 그건 내 마음공부하고는 상관없는 일이라는 것이다.

그런데 네 번째 사람은 '이것이 내 마음공부'라는 생각마저도 없는 사람이다. 내 공부가 어떻다, 내가 어떻게 해야 한다는 생각이 사라져 버렸다. 마치 형상 없는 물이 그릇 따라 모양을 바꾸듯이 뭘 해야 한다는 고집 없이 상대와 인연에 따라 상응할 뿐이다.

이것을 『화엄경』에서는 화작化作이라고 한다. 보살의 마지막 경지가 화작이고, 곧 부처의 경지다. 그러니 보살은 상황 따라 인연 따라 중생을 교화하기 위해 천백억 화신으로 그 몸을 나타내는 것이다.

다시 예를 들어보면, 첫 번째 사람은 다른 사람이 나를 욕하면 나도 맞대응해서 욕을 한다. 두 번째 사람은 욕하는 사람과 만나지 않는다. 세 번째 사람은 다른 사람이 욕을 해도 화를 내지 않는다. 네 번째 사람은 다른 사람이 욕하면 나도 욕할 수 있는 사람이다. 그에게는 욕할 자유가 있는 것이다. 그러나 첫 번째 사람과는 그 차원이 다르다.

첫 번째 사람은 화가 치밀어서 도저히 욕을 안 할 수 없기에 욕을 한다. 그러나 네 번째 사람은 상대를 깨우치기 위해 짐짓 욕을 한다. 남에게 욕을 듣고는 자기도 모르게 휘말려들어 욕을 했다면 첫 번째 수준이다.

하지만 첫 번째 사람이라도 네 번째 단계의 사람으로 나아갈 수 있다. 비록 감정에 휩쓸려 욕을 했더라도 그 이후에 '아하, 내가 감정에 휩쓸려 욕을 했구나.' 하고 자각하고 그것을 경험으로 삼아 '내 공부가 이 정도밖에 안 되었구나' 하며 연습의 과정이라 여긴다. 이렇게 모르는 것, 틀린 것, 잘못한 것은 창피한 일이 아니다. 모르면 물어서 알면 되고, 틀린 줄 알면 고치면 되고, 잘못한 줄 알면 참회하면 된다.

# 이무소득고

'얻을 바가 없으므로.'
얻을 것이 없음을 알아
얻으려는 생각을 놓아버린 사람.

    사람들은 흔히 '자유를 달라'고 말한다. 왜 자유를 달라고 할까? 여기에서 말하는 자유는 무엇일까? 내가 하고 싶은 대로 하는 것이 자유인가?
    학교에서 단체로 영화 관람을 가게 될 경우 '내일 극장에 간다'고 선생님이 발표하면 학생들 대부분은 좋아하겠지만 '선생님, 저는 극장 안 갈래요'라고 싫어하는 아이도 있을 것이다. 그러면 선생님은 단체로 가는 거니까 빠지면 안 된다고 하고, 그 학생은 '나에게는 극장에 가지 않을 자유가 있다'고 항변한다.
    그런데 이 학생이 시험을 하루 앞두고 공부하다가 갑자기 영화가 보고 싶어져서 엄마에게 영화를 보러 가겠다고 한다. 엄마가 영화 보러 가는 걸 허락하지 않자 학생은 엄마를 조르다가 '내게도 영화를 볼 자유가 있다'고 항변한다.

단체로 가자고 할 때에는 '영화 보지 않을 자유가 있다' 하고, 시험을 앞두고 영화를 못 보게 하면 '영화 볼 자유가 있다'고 하는 이 학생에게 자유란 무엇인가? 자기가 보기 싫을 때에는 보지 않는 게 자유고, 보고 싶을 때에는 보는 게 자유다. 그 뿌리에는 '내가 하고 싶은 대로 할 수 있는 게 자유다'라는 생각이 도사리고 있다. 그러나 이러한 생각을 가지고 있는 한 반쪽의 자유밖에 누리지 못한다. 실제로 우리는 영화를 볼 자유와 보지 않을 자유를 다 가지고 있다.

사람에게는 담배 피울 자유도 있고 담배 피우지 않을 자유도 있다. 회의를 할 때에는 담배 피울 자유를 빼앗긴 게 아니라 담배를 피우지 않을 자유를 누리고 있는 것이다. 또 누가 총을 바짝 들이대며 '담배 피워!'라고 협박하면 '나는 담배를 피우지 않겠다'고 고집할 게 아니라 담배 피울 자유를 누리면 된다.

그런데 '담배를 피워야만 한다'고 고집하면, 담배가 없을 때에는 담배 피울 자유를 박탈당하게 된다. '나는 절대로 담배 안 피워'라고 고집하면, 담배를 피워야 할 필연적인 상황이 되면 담배 피우지 않을 자유를 박탈당하게 되는 것이다.

진정한 자유는 어떠한 조건에서도 자유로워야 한다. 담배 피울 조건에서는 담배 피울 자유를, 못 피울 조건에서는 피우지 않을 자유를 다 누리는 게 참자유다. 여기에 도달해야 무애無碍가 된다. 무애의 단계가 되면 바다에 빠질 자유와 빠지지 않을 자유를 동시에 누리게 된다. 파도가 쳐서 바다에 빠지면 빠진 김에 조개 주울 자유를 누리는 거고, 빠지지 않으면 배를 타고 놀 자유를 누리면 된다.

결혼도 마찬가지다. 결혼한 사람은 결혼할 자유를 누리는 거고, 결혼하지 않은 사람은 결혼하지 않을 자유를 누리고 있는 것이다. 이 도리를 깨달으면 어떤 경우에도 자유로워진다. 걸림 없는 자유란 이러한 자유를 말한다. 이런 자유는 누가 뺏을 수도 줄 수도 없다.

내가 바라는 대로 되어야 한다는 생각을 놓아야 한다. 이 생각이 있는 한 걸림 없는 자유는 누리지 못한다. 절대 불가능하다. 『반야심경』에 이무소득고以無所得故, '얻을 바가 없으므로'라는 글귀가 나온다. 얻을 것이 없음을 알아, 얻으려는 생각을 놓아버린 사람은 완전한 자유인이다.

한 생각 일어나니 만법이 일어나고,

한 생각 사라지니 만법이 사라지네.

일체가 다 마음이 짓는 바이거늘.

5장

화작

# 도깨비장난 같은 인간의 삶

내가 친구의 죽음 앞에
피눈물을 흘리고 있는 이 시각
상대 진영에서는 축배의 잔을 들고 있겠지….


원효 스님은 출가하기 전 신라의 화랑이었다. 전쟁에 나가면 늘 승리해야 한다는 강박감으로 남보다 더 잘해야 한다는 생각을 가지고 싸웠다. 전쟁에서 지면 슬퍼하고 분개하며 복수를 다짐했으며 새롭게 도전해 승리했다. 첫 번째 부류인 범부 중생의 삶이었다.

그러던 어느 날 친구 화랑이 백제와의 전투에서 전사하자 친구의 무덤 앞에서 복수를 맹세하다가 문득, '지금 전쟁에서 승리한 백제 군사들은 축제를 즐기고 있겠지?' 하는 생각이 들었다. 자신이 친구의 죽음 앞에서 피눈물을 흘리고 있는 이 시각, 상대 진영에서는 축배의 잔을 들고 있을 거라는 생각을 하게 된 것이다. 그리고 이어서 그렇다면 예전에 자신이 전쟁에서 승리해 기뻐하고 있을 때 적군은 지금의 자신처

럼 동료의 죽음을 슬퍼하며 복수의 눈물을 흘렸을 것이라는 데까지 생각이 미쳤다.

똑같은 일을 두고 한 쪽은 통곡하고 다른 한 쪽은 축배를 드는 모습에서 그는 삶의 모순을 보았다. 인간의 삶이 도깨비장난과 같은 것임을 알게 되자, 원효 스님은 그 자리에서 바로 스스로 머리채를 자르고 출가했다. 그리고 자기 집을 초개사初開寺라 이름 붙여 법당을 만들고 수행 정진에 몰두했다.

## 일체유심조

한 생각 일어나니 만법이 일어나고
한 생각 사라지니 만법이 사라지네.
일체가 다 마음이 짓는 바이거늘..

　원효 스님은 열심히 불경을 보았다. 경전에는 중생사의 괴로움과 즐거움의 원인, 그리고 해결 방법까지 자세히 쓰여 있었다. 경전 속에서 진리를 찾으려는 구도심은 날로 커져갔다. 잠자는 것도 먹는 것도 잊고 철저하게 계율을 지키며 진리 추구에만 몰두했다. 전쟁터에서 용감히 싸울 때에도 때로는 죽을까 봐 겁이 난 적이 있었지만, 이제는 오히려 죽음에 대한 두려움도 없었다.
　그토록 열심히 수행 정진했지만 스스로는 자기 공부에 만족할 수가 없었다. 그래서 더 많은 경전을 구할 수 있고 큰 스승이 많은 중국으로 공부를 하러 가야겠다고 결심했다.
　원효 스님은 의상義湘대사와 함께 육로로 중국으로 떠났다. 하지만 고

구려 땅을 지나는 길에 고구려 군사에게 붙잡혔다. 간첩으로 몰려 감옥에서 죽을 고비를 넘기고 겨우 도망쳐 나왔지만 그래도 유학을 포기하지 않고 다시 시도했다. 이번에는 배를 타고 바다를 건너가기로 계획을 바꾸었다.

배를 타기 위해 바다 쪽으로 길을 가던 어느 날 밤, 원효 스님은 비가 쏟아져 토굴 속에서 자다가 목이 말라 잠에서 깨어났다. 사방이 깜깜한지라 주변을 더듬으니 그릇 하나가 손에 잡혔다. 그 그릇으로 물을 떠 마셨는데 물맛이 아주 좋았다.

그런데 다음 날 아침 일어나 보니 토굴은 무덤이었고, 어제 물을 떠서 마신 그릇은 해골이었다. 갑자기 왈칵 구역질이 났다. 원효대사는 바로 그때, '아, 일체가 다 내 마음이 만드는 것이구나!' 하는 『화엄경』에 나오는 '일체유심소조一切唯心所造'의 이치를 깨달았다.

물도 지난밤의 그 물이고 그릇도 지난밤의 그 그릇인데, 지난밤에는 그렇게도 시원하고 맛있는 물이었건만 오늘 아침에는 더럽다고 구역질을 하고 있다. 이는 물에 문제가 있고 해골에 문제가 있는 게 아니라 바로 마음이 만드는 것임을 확연히 깨치게 된 것이다.

원효 스님은 그 자리에서 이렇게 노래했다.

"한 생각이 일어나니 만법이 일어나고, 한 생각이 사라지니 만법이 사라지네. 일체가 다 마음이 짓는 바이거늘."

『반야심경』의 '불구부정不垢不淨'을 깨달은 것이다. 모든 것이 다 내 마음에서 일어나는 줄을 알았으니 구도를 위해 굳이 중국에 갈 이유도 없어졌다. 이 스승 저 스승을 찾을 이유도, 이 책 저 책을 뒤질 이유도 없어진 것이다. 그래서 그는 신라로 돌아왔다.

이렇게 깨달음의 눈이 열리고 경전을 읽으니 그 내용이 쉽고 재미있었다. 그런데 당시 신라 불교계에서는 경전을 놓고 여러 종파들이 이러니저러니 해석을 달리하면서 저마다 자기 종파의 주장이 옳다고 논쟁을 했다. 종파마다 주장하는 소리가 다 다르지만 결국 부처를 이루고자 하는 목적은 똑같음을 이해하지 못했던 것이다.

예를 들어 부처님께 서울 가는 길을 물었다고 할 때, 어떤 경전을 보면 동쪽으로 가라 하고, 어떤 경전을 보면 북쪽으로, 어떤 경전은 서쪽으로 가라 했다. 경전에 따라 서로 다른 방향을 제시하고 있는 것이다. 그러니 각각의 종파들이 각각의 경전을 놓고 논쟁을 벌였던 것이다.

하지만 이는 서울 가는 길을 묻는 사람이 어디에 있는가에 따라 부처님 말씀이 다른 것일 뿐이다. 인천 사람에게는 동쪽으로 가라 하고, 수원 사람에게는 북쪽으로 가라 하고, 춘천 사람에게는 서쪽으로 가라 했을 뿐이지 알고 보면 모두 서울 가는 길을 가리키고 있다.

원효 스님은 각 종파가 주장하는 소의 경전의 요점을 뽑은 '종요宗要'를 알면 종파 간에 서로 다투거나 논쟁할 필요가 없다고 했다. 부처님

법의 이치를 알아차리는 것, 사실을 사실대로 알아차리는 것.

의 가르침은 서로 다르게 표현되었을 뿐 오직 다 부처 되는 길인 일불승 佛乘을 가르치고 있기 때문이다. 이것이 원효대사의 통불교通佛敎 사상이다.

통불교 사상은 각 종파의 주장을 통합시킨 회통불교會通佛敎라고도 하는데, 중국에서 발달한 종파 불교 입장에서는 쉽게 이해할 수 없는 한 단계 높은 차원의 경지다. 당시 중국의 종파 불교는 사상의 깊이는 있었지만 불교 사상 전체를 하나의 가르침으로 통일시키진 못했다.

원효 스님이 쓰신 『십문화쟁론十門和諍論』은 이런 종파 불교의 폐해를 시정하고 쟁론을 통합하는 화쟁사상이다. 특히 『대승기신론소』는 워낙 뛰어난 책이어서 중국에서는 이 책을 『해동소海東疏』라 부르며 학승들이 교재로 삼아 배우고 글을 쓸 때면 항상 인용했다.

# 지금 여기 마땅히 구제해야 할 중생

마땅히 구제해야 할 중생을
지금 여기에 두고
어디 가서 별도의 중생을 구제한다는 말이오.

원효 스님은 어느 날 외출했다가 분황사芬皇寺로 돌아오는 길에 대안대사大安大師를 만났다. 대안대사는 원효 스님보다 나이가 많은 스님으로 저자 바닥에서 일반 대중과 어울려 사는 특이한 스님이었다. 당시 신라 불교계에서는 대안대사를 제대로 인정하지 않았다. 그런 대안대사가 원효 스님을 보자 반갑게 인사하며 아는 척을 했다.

"대사, 대사가 쓴 글은 정말 대단히 깊이가 있더군."

대안대사는 원효 스님을 칭찬하며 어디 가서 자기와 이야기를 좀 하자고 했다. 원효 스님은 대안대사를 따라갔다.

대안대사는 원효 스님을 천민들이 사는 동네로 데리고 갔다. 원효 스님은 그때까지 천민 동네에 가본 적이 없었다. 젊어서 화랑이었을 때에는 귀족 출신이니까 그런 천민 마을에 갈 이유가 없었고, 출가해 스님이 된 뒤로도 천민 마을 민가에 갈 일이 없었던 것이다.

대안대사는 원효 스님을 데리고 주막집으로 들어가 자리를 잡고 앉더니 큰 소리로 외쳤다.

"어이, 주모! 여기 귀한 손님 오셨으니, 술상 하나 봐주게."

술상을 봐달라니. 그건 출가 승려로선 도저히 용납할 수 없는 일이었다. 원효 스님은 자리에 앉지도 않고 바로 뒤돌아 나왔다.

"어, 이보게, 원효대사! 원효대사!"

등 뒤에서 대안대사가 자신을 부르는 소리가 크게 들렸다. 그러나 원효 스님은 뒤도 돌아보지 않고 주막을 나왔다. 그렇게 황급히 되돌아가는 원효 스님의 뒷전을 향해 대안대사가 말했다.

"대사, 마땅히 구제해야 할 중생을 지금 여기에 두고, 어디 가서 별도 이 중생을 구제한다는 말이오?"

# 방울 스님의 미소

"원효, 잘 가시게."
방울 스님의 한마디에 원효대사는 그 자리에서 확연히 깨쳤다.

순간, 원효대사는 큰 충격을 받았다. 대승불교의 핵심 사상은 보살의 중생 구제 사상이다. 원효 스님은 바로 그 보살 사상에 대한 탁월한 이론과 해석 때문에 명성을 얻은 것이다. 그런데 지금껏 자신이 한 주장과 지금 자신의 행동이 일치하지가 않았던 것이다. 식견과 논리는 탁틔었는데 행동은 앞뒤가 맞지 않았던 것이다.

모든 것이 다 불구부정이라 다만 마음이 짓는 것이라고 말하면서 천민 동네 주막은 부정한 곳이라고 여겨 뛰쳐나왔던 자신의 행동이 불법의 이치와 맞지 않았다. 원효 스님은 자신의 공부가 부족하다는 걸, 이치는 깨쳤지만 삶의 현실 속에선 실천이 되지 않았다는 걸 알게 되었다.

그 뒤 원효 스님은 승려들을 가르치던 스승 역할을 그만두었다. 남을 가르치고 글을 쓰는 대신에 머리를 기르고 신분을 숨긴 채 승려들이 모여 공부하는 절에 들어가 부목 생활을 했다. 승려들의 스승이었던 사람이 형상을 바꾸어 젊은 승려들에게 무시당하며 절의 부목이 되어 밥을 짓고 불을 지펴주면서 살았다.

그런데 그 절에 꼽추 스님이 있었는데 다들 그 스님을 방울 스님이라고 불렀다. 걸식을 할 때 말없이 방울만 흔들었기 때문에 그런 별명으로 부른 것이다.

방울 스님은 공양 때가 되면 다른 스님들과 같이 제때에 와서 밥을 먹지 않고 설거지가 끝난 뒤 부엌에 나타나서는 누룽지 남은 게 있으면 달라고 해서 먹곤 했다. 그러다 보니 다른 스님들은 물론이고 부목들까지 무시하고 놀렸지만 방울 스님은 개의치 않고 누룽지를 얻어먹고는 히죽 웃으면서 돌아다녔다. 원효 스님은 그런 방울 스님을 불쌍히 여겨 늘 자비로운 마음으로 잘 대해주었다.

어느 날 원효 스님은 마루를 닦다가 학승들이 하는 이야기를 듣게 되었다. 학승들은 그때 『대승기신론』을 공부하면서 대승의 핵심 사상은 이러니저러니 논쟁을 하고 있었다. 그런데 옆에서 들어보니 이 스님들이 이치에 어긋난 얼토당토 않는 소리를 하고 있는 거였다. 옆에서 듣기에 답답해진 원효 스님은 자기 신분이 부목인 것도 깜박 잊고 불쑥 끼어들어 '그건 그게 아니고 이거'라고 말해버렸다. 그러자 난리가 났다.

"아니, 이 부목 놈이 어디 스님들 공부하는 데 와서 이러니저러니 아는 체를 하는 거냐?"

그제야 자기가 실수했음을 알아차리고 원효대사는 얼른 고개 숙여 사죄를 했다.

"소인이 뭘 모르고 저도 모르게 그냥 입에서 미친 소리가 나왔으니 용서해 주십시오."

공부 판이 깨진 스님들은 스승을 찾아가 『대승기신론』이 너무 어려워 이해하기 힘들다고 하소연을 했다. 그러자 스승은 원효대사가 쓴 『대승기신론소』를 주면서 공부하라고 했다.

스님들이 그 책을 읽어보니 깊이가 있음에도 이해하기 쉽게 설명이 잘되어 있었다. 그런데 내용을 이해하고 보니, 이 책 내용이 그 미친 부목이 한 소리와 같지 않은가. 스님들은 부목의 정체를 의심해 눈여겨보기 시작했다.

원효 스님은 신분이 들통 날 위험에 처하자 몰래 절을 떠나기로 했다. 모든 대중이 다 잠든 시각, 원효 스님은 살짝 대문을 열었다. 그때 문간방에 있던 방울 스님이 방문을 탁 열고는 말했다.

"원효, 잘 가시게."

방울 스님의 이 한마디에 원효대사는 그 자리에서 확연히 깨달았다.

연습하는 마음으로 수행 정진하면 맺힌 마음이 열리고 힘이 생깁니다.

# 허공의 헛꽃

마땅히 구제받아야 할 중생.
지금 이 순간 분별심 내는 네놈이 중생인데
어디 따로 밖에서 중생을 찾고 있느냐!

그 절에 살던 스님들은 원효대사를 알아볼 수 없었지만, 원효대사는 그들의 일거수일투족과 공부 수준을 훤히 꿰뚫고 있었다. 그런데 마찬가지로 원효대사는 방울 스님을 몰랐지만, 방울 스님은 원효대사를 훤히 꿰뚫어보고 있었다. 원효 스님이 보살행을 한답시고 되지도 않는 소리를 하는 학승들 비위를 맞추며 그들을 받드는 모습을 지켜보고 있었던 것이다. 또 설거지가 끝난 뒤에 가서 누룽지를 달라고 하는 자신을 불쌍히 여기는 모습도 다 보고 있었던 것이다.

원효 스님은 꼽추에다 다른 스님들에게 무시당하는 방울 스님을 불쌍히 여겨 늘 자비심을 베풀었지만, 사실 방울 스님은 남에게 동정을 받을 사람이 아니었다. 오히려 원효 스님보다 도력 높은 훌륭한 스님이었다. 원효 스님의 눈에는 방울 스님이 보이지 않았지만, 방울 스님의 눈에는 원효 스님의 말과 행동이 훤히 보였다. 그런데도 원효 스님은 자기 생각에 사로잡혀 방울 스님을 불쌍히 여기고, 그 불쌍한 방울 스님을 열심히 구제했던 것이다. 그것은 마치 허공의 헛꽃을 꺾는 것과 같은 행동이었다.

"원효, 잘 가시게."

이 한마디에 원효 스님은 그때까지 가지고 있던 자신의 환영을 확 깰 수 있었다. 또 그제야 대안대사의 말씀을 확연히 깨닫게 되었다.

원효대사는 대안대사가 했던 말을 '책상에 앉아 중생을 구제한다고 말하지만, 이곳에 사는 실제 중생을 네가 분별하고 외면하면서 무슨 중생을 구제한다고 하느냐? 말뿐인 탁상공론이지' 이렇게 알아들었다. 그래서 '네가 진짜 보살이라면 여기 와서 이 사람들을 가르치고 깨우쳐서 이 사람들을 구제해야지, 자기 명성과 명예를 생각해서 이곳이 겁나 도망가는 놈이 보살은 무슨 보살이냐?' 이렇게 해석한 것이다. 그래서 자신의 명성과 명예를 다 버리고 이곳에 와서 신분을 숨기고 가장 낮은 자리에서 부목 생활을 한 것인데 지금에야 대안대사가 했던 말의 참뜻을 알게 된 것이다.

대안대사가 원효대사에게 '마땅히 구제받아야 할 중생을 여기 두고' 할 때 마땅히 구제받아야 할 중생이 누구를 가리켰을까? 그것은 바로 원효 스님의 분별심이다. '옳으니 그르니, 깨끗하니 더럽니, 술집에 가도 되니 안 되니' 하고 분별을 내고 있는 그놈이 중생이라는 말이었다. 그러니 '지금 이 순간 분별심을 내는 네놈이 중생인데 어디 따로 밖에서 중생을 찾고 있느냐'는 질타였던 것이다.

이는 중생이 따로 있는 게 아니라, 지금 분별을 일으키는 그놈이 바로 중생이고, 한량없는 번뇌가 곧 중생이라는 말이다. 천민촌에 있는 사람들은 중생이고 나는 보살이어서 내가 그들을 구제해야 한다는 생각, 그게 바로 중생심이었다는 것이다. 대안대사는 천민들을 불쌍히 여겨 그들을 구제하려고 거기 있는 게 아니었다. 그의 마음에는 이미 분별이 끊어졌기에 그냥 거기 와서 같이 살았던 것이다. 마을 사람들은 대안대사의 친구이자 스승이었다.

원효 스님은 '일체유심조'란 말의 뜻을 그제야 확연히 알게 되었다. 중생도 부처도 다 내 마음이 만드는 것임을 알게 된 것이다. 이렇게 분별하는 마음을 가지고 세상을 보니, 세상에 수도 없이 많은 도인이 자신의 눈에는 보이지 않았던 것이다.

원효 스님은 그 길로 천민들이 사는 동네로 갔다. 물론 그들을 구제하러 간 건 아니었다. 내가 너를 구제한다느니 하는 '나'와 '너'의 분별이 사라졌으므로 그들은 더 이상 구제할 대상이 아니었다. 그들이 바로 그의 스승이자 도반이어서, 스승으로 받들고 도반과 더불어 살려고 간

허공의 헛꽃

것이다.

그런데 천민 마을에 가자마자 원효 스님은 또 다른 장벽에 부딪쳤다. 마을 사람들이 '위대한 원효대사님이 오셨다'며 떠받드는 것이다. 자기는 분별하는 마음을 버리고 그들과 친구가 되려고 갔는데 그들은 원효를 높은 사람으로 떠받드니 친구가 될 수가 없었다. 전에는 자신이 그들을 불쌍하게 봐서 친구가 되지 못했는데, 이번엔 거꾸로 그들이 원효를 높이 떠받드니 친구가 될 수 없었다.

원효 스님은 다시 깊이 살펴보았다.

'이게 내 문제일까, 그들의 문제일까? 나는 그들에게 열린 마음을 냈는데, 도리어 그들이 나를 떠받드는구나. 이제 내가 어떻게 할 수 있겠는가?'

원효 스님은 결국 이것 역시 자기 문제라는 걸 알게 되었다. 그 유명한 '원효대사'라는 이름이 장애가 되고 있음을 깨달은 것이다.

# 화작

보살이 중생을 구제하기 위해
인연 따라 천백억 가지로 화현하는 모습.
보살행의 마지막 단계, 화작.

그 뒤 원효 스님은 요석 공주와 스캔들을 일으켰다. 그러자 이제까지 원효대사를 위대하다고 떠받들던 왕족과 귀족, 스님들이 원효 스님을 손가락질하며 절에서 추방해 버렸다. 위대한 스승이 하루아침에 아주 형편없는 놈이 되어버린 것이다.

이렇게 원효 스님은 스스로 '원효대사'라는 위대한 이름을 버렸다. 천민들이 신분적 차별 때문에 사회에서 소외되었다면, 원효대사는 파계로써 승려 사회에서 추방당해 불교가 지배하던 사회로부터 소외된 것이다.

그러자 비로소 천민 마을 사람들은 승려 사회에서 쫓겨나 별 볼일 없는 사람이 된 원효 스님을 친구로 받아들였다. 이제 그에게는 위대한 원효라 할 만한 어떤 허울도 없어졌다. 원효대사라 불리던 위대한 스님은 이 세상에서 사라진 것이다. 원효대사는 스스로를 소성거사小姓居士라 칭하며 천민들과 어울려 살며 깡패, 술꾼, 사기꾼, 도둑 같은 사람들과도 친구로 지냈다.

그런데 그렇게 원효대사와 어울려 살던 천민 마을 사람들이 몇 년이 지나자 도둑은 스님이 되겠다 하고, 살생하던 사람은 살생을 멈추고, 깡패가 착실하게 일을 하고, 술꾼이 술에 취하지 않게 되었다. 이것이 바로 보살이 중생을 구제하기 위해 인연 따라 천백억 가지로 화현하는 모습, 보살행의 마지막 단계인 화작化作이다.

그래서 『삼국유사三國遺事』에는 원효대사가 천민 마을로 가서 살기 시작한 뒤의 기록이 거의 없고 사동蛇童과의 대화만이 남아 있다.

땅꾼인 사동은 어머니가 죽자 친하게 지내던 원효대사에게 도움을 청했다. 당시 천민은 부모가 죽어도 묘를 쓰거나 관에 넣지 못하고 시체를 그냥 숲에 가져다 버리거나 맨땅에 묻어야 했다. 사동은 어머니 시체를 거적때기로 둘둘 말아 원효대사와 둘이 들고 산으로 갔다. 적당한 산기슭이 나오자 땅을 파고 시체를 묻으며 사동이 말했다.

"너는 그래도 옛날에 스님이었으니 우리 어머니 왕생극락하시라고 염불 한번 해봐라."

그러자 원효대사가 게송을 읊었다.

"태어나지 말지다, 죽는 것은 괴로움이요, 죽지 말지다, 다시 태어나는 것은 괴로움이다."

원효대사는 짧게 염불을 했지만, 사동은 이것도 길게 느껴졌다.

"야, 이 먹물아, 말이 너무 많다. 좀 더 간단하게 해봐."

그러자 원효대사는 다시 딱 한마디로 염불을 했다.

"생사고生死苦."

즉, '사는 것도 죽는 것도 괴로움이다'라고 한 것이다. 그러자 비로소 사동은 웃으며 만족해했다.

원효대사의 삶을 앞에서 구분했던 4단계로 비추어 살펴보면, 청년 시절 화랑 때가 첫 번째 단계인 사법계 차원의 삶이고, 출가 후 법을 구하기 위해 죽음을 두려워하지 않고 용맹 정진하던 시절은 두 번째 단계인 이법계 차원의 삶이다. 해골 물을 마시고 일체유심조를 깨달은 이후는 세 번째 단계인 이사무애법계 차원의 삶이고, 파계 후 세상 속으로 들어간 이후는 네 번째 단계인 사사무애법계 차원의 삶이라고 할 수 있다. 그러므로 원효대사는 이 땅에 나타나신 붓다라 할 수 있다.

바라는 마음을 버림으로써 오히려 진정한 이익을 볼 수 있다.

바라는 마음을 버리는 열 가지 수행을 놓치지 않는다면

세상살이에 겁날 게 없으며

어느새 자유로운 사람이 된 자신과 만나게 될 것이다.

6장

열 가지 바라는 마음의 포기,
그리고 새로운 선택

## 바라는 마음을 버리는 열 가지 수행

막히는 데에서 도리어 통하는 것이요
통함을 구하는 것이 오히려 막히는 것이니…
역경을 통하여 부처를 이룰지어다.


몸에 병이 없기를 바라지 마라.
몸에 병이 없으면 탐욕이 생기기 쉽나니,
그래서 부처님께서 말씀하시되 '병고로써 양약을 삼으라' 하셨느니라.

세상살이에 곤란 없기를 바라지 마라.
세상살이에 곤란이 없으면 업신여기는 마음과 사치한 마음이 생기게 되나니,
그래서 부처님께서 말씀하시되 '근심과 곤란으로써 세상을 살아가라' 하셨느니라.

공부하는데 마음에 장애 없기를 바라지 마라.

마음에 장애가 없으면 배우는 것이 넘치게 되나니,

그래서 부처님께서 말씀하시되 '장애 속에서 해탈을 얻어라' 하셨느니라.


수행하는데 마魔 없기를 바라지 마라.

수행하는데 마가 없으면 서원이 굳건해지지 못하게 되나니,

그래서 부처님께서 말씀하시되 '모든 마군으로써 수행을 도와주는 벗을 삼으라' 하셨느니라.


일을 꾀하되 쉽게 되기를 바라지 마라.

일이 쉽게 되면 뜻을 경솔한 데 두게 되나니,

그래서 부처님께서 말씀하시되 '여러 겁을 겪어서 일을 성취하라' 하셨느니라.


친구를 사귀되 내가 이롭기를 바라지 마라.

내가 이롭고자 하면 의리를 상하게 되나니,

그래서 부처님께서 말씀하시되 '순결로써 사귐을 길게 하라' 하셨느니라.

남이 내 뜻대로 순종해 주기를 바라지 마라.

남이 내 뜻대로 순종해 주면 마음이 스스로 교만해지게 되나니,

그래서 부처님께서 말씀하시되

'내 뜻에 맞지 않는 사람들로써 원림(園林)을 삼으라' 하셨느니라.

공덕을 베풀려면 과보를 바라지 마라.

과보를 바라면 도모하는 뜻을 가지게 되나니,

그래서 부처님께서 말씀하시되 '덕 베푼 것을 헌신처럼 버려라' 하셨느니라.

이익을 분에 넘치게 바라지 마라.

이익이 분에 넘치면 어리석은 마음을 돕게 되나니,

그래서 부처님께서 말씀하시되 '적은 이익으로써 부자가 되라' 하셨느니라.

억울함을 당해서 밝히려고 하지 마라.

억울함을 밝히면 원망하는 마음을 돕게 되나니,

그래서 부처님께서 말씀하시되 '억울함을 당하는 것으로 수행하는 문을 삼으라' 하셨느니라.

수행은 연습이고, 연습은 끊임없는 실수의 반복입니다.

이와 같이 막히는 데에서 도리어 통하는 것이요, 통함을 구하는 것이 오히려 막히는 것이니, 그래서 부처님께서는 저 장애 가운데에서 보리도를 얻으셨느니라. 세상에 도를 배우는 사람들이 만일 먼저 역경에서 견디어보지 못하면 장애가 부딪칠 때 능히 이겨내지 못하여 법왕의 큰 보배를 잃어버리게 되나니, 역경을 통하여 부처를 이룰지어다.

이것은 〈보왕삼매론寶王三昧論〉이다. 〈보왕삼매론〉은 언뜻 보면 평이한 게송인지라 그 의미에 대해서도 쉽게 고개가 끄덕여진다. 그렇지만 사람마다 읽고 느끼는 정도는 전부 다르다. 똑같은 사람이라도 그때의 자기 상황이나 수행 정도에 따라 〈보왕삼매론〉의 깊이는 전혀 달라진다. 수행을 통해 자기를 발견하면 할수록 〈보왕삼매론〉에 숨어 있는 무궁무진한 뜻이 새롭게 다가오게 된다.

특히 열 가지 게송 가운데 자신이 그 어려움을 직접 경험해 본 적이 있을 때에는 무릎을 치며 '옳다' 소리가 저절로 나온다. 특별한 상황에 처해 봐야 그 게송이 무엇을 뜻하는지 이해되며, '내가 왜 이러한 가르침대로 하지 않았던가, 그렇기 때문에 나에게 고통이 왔구나'를 가슴 깊이 받아들이게 된다.

우리는 너 나 없이 병이 없기를 원하고, 곤란이 없기를 원하고, 장애 없기를 원하며, 마장이 없기를 원하고, 일이 쉽게 되기를 원하고, 자기에게 이롭기를 원하며, 사람들이 내게 순종해 주기를 원하고, 모든 공덕이 나한테 돌아오기를 원하고, 불명확한 것은 낱낱이 속 시원히 밝히기를 원한다. 이 중에 우리가 원하지 않는 것은 하나도 없는데, 〈보왕삼매론〉에서는 왜 수행하는 데 있어서 이 원하는 마음을 내지 마라 하는가.

그것은 우리의 모든 고통이 이 열 가지 원하는 마음에서 생겨나기 때문이다. 그러니 고통을 소멸시키려면 열 가지 바라는 마음을 버리는 수행을 하면 된다. 열 가지 마음을 버린다 해서 나한테 손해가 되는 게 아니다. 오히려 버림으로써 진정한 이익을 볼 수 있다. '열 가지 바라는 마음을 버리는 수행'을 한다면 세상살이에 겁날 게 없으며 어느새 나도 모르게 자유로운 사람이 되어 있는 자신과 만나게 될 것이다.

# 병고로써 양약을 삼으라

몸에 병이 없기를 바라지 마라.
몸에 병이 없으면 탐욕이 생기기 쉽나니
그래서 부처님께서 말씀하시되
'병고로써 양약을 삼으라' 하셨느니라.


'몸에 병이 없기를 바라지 마라'는 것은 몸에 병이 없으면 탐욕이 생기기 쉽기 때문이다.

암에 걸려 한 달밖에 살지 못한다는 진단을 받는다면, 누구라도 아파트를 사려고 애쓰지 않을 것이며 명품 가방 한번 들어보고 죽어야겠다는 생각을 하지 않을 것이다. 어떻게 해서라도 우선 살고 싶은 생각만 있을 뿐, 그 외의 다른 생각은 언제 했느냐는 듯 일어나지도 않는다.

우리는 늘 자신에게 부족한 것만 따지며 속상해한다. 건강할 때는 건강한 몸이 있다는 것만으로도 감사한 일이라는 걸 깨달으면 좋을 텐데 우리는 꼭 병이 들어야만 건강이 얼마나 중요한지를 안다. 그러니 나를 깨닫게 해주는 병이라면 그 아픔 또한 감수할 수 있어야 하는 것 아니겠는가.

우리 삶에서 고통을 일으키는 근원 중 하나가 탐욕이다. 뛰어가다 숨이 차면 걸어가고 싶고, 오래 걷다 보면 서 있고 싶어진다. 오래 서 있으면 앉고 싶고, 앉아 있으면 눕고 싶고, 누우면 자고 싶어진다. 이렇게 우리의 욕망은 만족할 줄을 모르고 또 다른 욕구로 끊임없이 전이된다.

수행이 안 된 상태에서 몸이 건강하고 경제적 여유가 있으면 인간은 자연히 쾌락과 탐욕으로 흘러갈 수밖에 없다. 그런 욕심이 자신에게 고통을 안겨주는 행위임을 알고 어려운 조건에서도 자신을 돌이켜볼 줄 알면 현재 자기 생활에서 만족할 줄 알아 편안함을 얻을 수 있다.

# 근심과 곤란으로써 세상을 살아가라

세상살이에 곤란 없기를 바라지 마라.
세상살이에 곤란이 없으면 업신여기는 마음과 사치한 마음이 생기게 되나니
그래서 부처님께서 말씀하시되
'근심과 곤란으로써 세상을 살아가라' 하셨느니라.

 곤란이란 자기를 돌이켜보는 좋은 계기가 된다. 곤란은 수행자에게 참으로 큰 스승이다.
 어떤 사람이 자기 집을 신축하는 도중에 옆집인 우리집을 무너지게 하였다. 집을 수리할 때까지 부득이 가족들이 셋집살이를 하게 되었다. 내 집 놔두고 괜히 남의 집을 빌려 사는 고생까지 하니 매사에 짜증이 올라왔다.
 그런데 여기서 한 생각 돌이키면, 이 일이 집 없는 사람의 어려움과 서러움을 알게 되는 성찰의 계기가 될 수 있다. 똑같은 일이라도 어떤 관점에서 보느냐에 따라 그 일이 괴로움과 곤란함으로 다가오기도 하고, 그 곤란함이 수행으로 전환되는 계기가 되기도 한다. 억울한 일을

당할 때마다 '네가 어떻게 그럴 수 있느냐'는 마음이 아니라, 옛날에 내가 한 행위를 되돌아보고 그것을 통해 나를 돌이켜볼 수 있어야 한다.

한 달 간 무전여행이라도 하면서 남의 집 처마에서도 자보고 음식도 얻어먹어 보면, 남 앞에서 폼 잡고 위세를 부리는 것이 얼마나 남에게 상처를 주는가를 실감할 수 있다. 책으로 읽거나 말로 들어서 이해하는 것과는 그 느끼는 정도가 다르다. 곤란함을 모르면 다른 사람의 심정을 모르므로 자신도 모르게 사람을 업신여기기 쉽다. 곤란함 속에서 진실로 겸손하고 겸허하며 인간다운 수행을 해나갈 수 있다.

내가 먹고 입고 자는 일체의 것 속에 숨어 있는 다른 사람들의 은공을 알지 못하고 내가 잘나서 사는 줄 알면 업보를 짓는 일이다. 그러니 곤란을 당해보지 않았으면 모르고 넘어갔을 일들, 지난날 자신도 모르게 지어왔던 잘못들을 알게 되고 참회할 수 있으니 곤란을 겪는 속에서 죄업들이 공덕으로 전환할 수 있다.

어려움에 봉착했을 때 '이 괴로움에서 어떻게 하면 도망갈 수 있을까'만을 생각하면 더 괴로워질 뿐이다. 어려움에 처할 때마다 나를 돌이켜볼 수 있을 때, 근심과 곤란은 오히려 세상을 살아가는 좋은 길잡이가 된다.

## 장애 속에서 해탈을 얻어라

공부하는데 마음에 장애 없기를 바라지 마라.
마음에 장애가 없으면 배우는 것이 넘치게 되나니
그래서 부처님께서 말씀하시되
'장애 속에서 해탈을 얻어라' 하셨느니라.

해탈은 장애나 고통에서 벗어나는 것을 말한다. 장애가 있어야 그로부터 벗어나는 기쁨, 해탈의 기쁨을 맛볼 수 있다. 장애가 없으면 해탈의 기쁨도 없다.

이리석은 중생에게는 인생은 고해苦海지만 마음을 바로 가짐으로써 팔정도八正道 고통에서 벗어나 해탈의 기쁨을 얻을 수 있다. 즉, 부처가 될 수 있는 것이다.

파도는 다만 출렁거릴 뿐입니다.
파도가 일어난다고 좋은 것도, 사라진다고 나쁜 것도 아닙니다.

# 모든 마군으로써 수행을 도와주는 벗을 삼으라

수행하는데 마 없기를 바라지 마라.
수행하는데 마가 없으면 서원이 굳건해지지 못하게 되나니
그래서 부처님께서 말씀하시되
'모든 마군으로써 수행을 도와주는 벗을 삼으라' 하셨느니라.


 수행을 하면 반드시 마장이 끼어든다. 100일이든 1년이든 기한을 정해놓고 기도를 하거나 어떤 계획을 추진하다 보면 중간에 꼭 그 일을 방해하는 일이 생긴다. 이럴 때일수록 처음 계획대로 밀고 나가야 하는데 보통 우리 마음은 '기도가 중요한 게 아니라 이 일이 더 중요하다'거나 '오늘 같은 날은 쉬어야 하지 않겠나' 하면서 자기 결심을 유지하지 못할 핑계거리를 스스로 만든다.
 이런 자기 마음의 핑계가 바로 마장이다. 어떤 신이 있어서 내 일을 방해하는 게 아니라, 내 마음에 자리 잡고 있는 '하기 싫다'는 마음이 내 일을 방해하는 것이다. 그렇게 마장이 올 때가 내 일의 성공 여부에 가장 중요한 고비다.

용맹 정진한다고 마음잡고 가부좌 틀고 앉아 있으면 얼마 안 가 졸음이 온다. 처음에는 졸음을 쫓다가 나중에는 '이렇게 계속 졸고 앉아 있느니 조금만 자고 일어나 맑은 정신으로 하면 더 잘되지 않을까' 하는 생각이 든다. 자는 것이 효과적이고 합리적이라는 꾀가 생겨나는 것이다. 그럴 때 이것이 마장임을 알고 물리쳐야 한다.

결심이 확고부동하면 마장은 생겨나지 않는다. 끼어들 틈새가 없기 때문이다. 결심이 약하기 때문에 회의가 일고 마음이 흔들리는 것이다. 밖에서 누가 장난하고 유혹하는 게 아니라 내 속에 있던 과거의 업장이 나에게 회의懷疑라는 마장으로 나타나는 것이다.

어떤 경우에라도 칼로 무를 자르듯 단번에 마장의 고비를 넘어설 수 있어야 한다. 이럴 때 마군은 수행을 도와주는 벗이 된다. 마군이 있어 내 수행의 수준이 한층 높아지기 때문이다. 마장이 셀수록 유혹이 클수록 그것을 이겨낸 내 품성과 도력은 더 높아진다.

# 여러 겁을 겪어서 일을 성취하라

일을 꾀하되 쉽게 되기를 바라지 마라.
일이 쉽게 되면 뜻을 경솔한 데 두게 되나니
그래서 부처님께서 말씀하시되
'여러 겁을 겪어서 일을 성취하라' 하셨느니라.



누구나 다 일이 간단하게 처리되기를 바라지만, 일이 쉽게 되기를 바라는 그 마음이 일을 하는 데 오히려 장애가 된다. 어려움에 부딪치고 일이 잘 안 될 때 오히려 더 분발해 여러 가지 아이디어를 내고 열심히 노력하면 창조적인 능력도 생기고 마음도 굳건해진다. 비온 뒤에 땅이 더 굳는다고 하지 않던가. 시련을 이겨낸 사람들의 경험담은 늘 우리에게 감동을 주고 살아 있는 교훈이 된다.

일이 쉽게 되기를 바라는 마음은 욕심이고 집착이다. 감나무 밑에서 감이 떨어지기를 기다려서야 되겠는가. 일을 빨리 끝내야겠다는 생각이 오히려 일을 하는 데 장애가 된다. 일을 빨리 끝내야겠다고 마음을 먹으면 조급해지고, 마음이 조급하므로 같이 일하는 사람들에게 닦달

하고 독촉하게 된다. 그래서 사람들 마음을 억압하고 불편하게 한다.

처음에 좋게 출발한 일도 이런 집착에 매이면 결과가 나쁘게 변할 수도 있다. 예를 들어 어떤 모임에서 단체 여행을 가기로 했다고 하자. 버스 한 대를 대절하고 사람들에게 함께 가자고 권유한다. 그런데 처음에는 가겠다던 사람들이 갑자기 어떤 사정이 생겨 못 가게 되어 자리의 반밖에 안 차면 나중에는 '자리를 어떻게 메울까' 하는 쪽으로 관심이 돌아가 버린다. 처음에는 상대를 위하는 즐거운 마음으로 여행을 권유했다가 나중에는 어떻게 해서든 자리를 채우겠다는 변질된 마음으로 여행을 권유하게 되는 것이다.

이처럼 좋은 마음으로 시작한 일도 중간에 방향이 어긋나면 그 뜻이 변질될 확률이 높다. 또 일이 쉽게 되기를 원하면 자칫 일의 취지를 놓치게 됨을 늘 경계해야 한다.

## 순결로써 사귐을 길게 하라

친구를 사귀되 내가 이롭기를 바라지 마라.
내가 이롭고자 하면 의리를 상하게 되나니
그래서 부처님께서 말씀하시되
'순결로써 사귐을 길게 하라' 하셨느니라.

어떤 마음으로 친구를 대하고 사귀어야 친구와 의가 상하지 않고 괴로움 없이 관계를 지속할 수 있겠는가. 그것은 이롭기를 바라지 않을 때이다. 아니, 친구 관계뿐 아니라 부부나 직장 동료, 이웃 등 모든 인간관계에 다 적용되는 가르침이다. 내가 사람들과의 관계에서 피로움이 있다면, 비록 겉으로는 드러나지 않아도 상대에게서 이롭기를 바라는 마음이 있기 때문이다.

부부 사이에서 일어나는 괴로움의 원인을 보면, 내가 이롭고자 하는 마음, 상대가 내 기대에 부응해 주지 못하는 것에 대한 속상함이 대부분이다. 그것은 내가 상대에게서 얻고자 하는 기대치를 100으로 잡고 살아가면 상대가 나에게 50의 이익을 주었어도 나는 늘 50을 손해 봤다는 억울한 마음이 드는 것이다. 이는 내가 상대에게 기대하는 마음이 빚어낸 괴로움이라 할 수 있다.

처음에는 서로 좋아서 만났으나 어느새 사이가 나빠져 결국에는 원수지간이 되어 헤어지는 경우가 적지 않다. 그럴 때 처음 마음으로 돌아가 보자. 애초에 혼자 있는 것보다 어울려 사는 게 더 행복하리라는 마음으로 친구도 사귀고 이웃도 사귀지 않았던가. 그런데 오히려 인간관계에서 괴로움이 생겨나 불행의 원인이 되기도 한다.

이렇게 사람과의 관계에서 행복이 생기고 불행도 싹튼다. 그러므로 불행은 잘못 맺은 관계에서 오는 것이므로 관계의 단절로 해결하려 하지 말고 매듭을 풀듯 좋은 관계로 전환시키고자 노력해야 한다. 이것이 수행이다.

잘못 맺은 관계라 함은 내가 이롭고자 하는 마음으로 맺은 관계다. 내가 이롭고자 하는 마음이 상대에게 상처를 주고 의리를 상하게 하니, 상대를 도와주고 이해하려는 태도로 전환할 때, 사귐은 길게 되고 그 사귐 속에서 행복을 얻게 될 것이다.

# 내 뜻에 맞지 않는 사람들로써 원림을 삼으라

남이 내 뜻대로 순종해 주기를 바라지 마라.
남이 내 뜻대로 순종해 주면 마음이 스스로 교만해지게 되나니
그래서 부처님께서 말씀하시되
'내 뜻에 맞지 않는 사람들로써 원림을 삼으라' 하셨느니라.


아내가 남편에게 화를 내는 것은 자신이 원하는 만큼 남편이 해주지 않는다는 생각에서 연유되고, 남편이 아내에게 화를 내는 것은 주로 아내는 남편에게 순종해야 한다는 심리에서 연유된다. 이는 부부뿐 아니라 부모 자식이니 노사 관계, 윗사람과 아랫사람과의 관계 등 수평이 아닌 수직 관계에서 일어나기 쉬운 마음이다.

남이 내 뜻에 순종해 주기를 바라는 마음은 누구나 갖고 있다. 하지만 어떤 사람이라도 누가 나에게 자기 뜻에 따라주기를 원할 때 기꺼이 응해 주기는 사실 어렵다. 이 사이에서 갈등이 생기고 화가 생겨난다.

상대가 내 뜻대로 해주지 않으면 '순종하라, 복종하라'는 생각으로 억압하게 되는데 이것은 일종의 폭력이다. 윗사람은 아랫사람이 말을

안 들으면 폭력을 행사하고, 아랫사람은 윗사람이 자신의 뜻을 이해해 주지 않으면 원망하는 마음을 갖는다.

또 반대로 남이 내 뜻대로 잘 따라주면 사람이 교만해져서 아무 데나 가서 남을 부리려고 한다. 상대의 생각이나 의견을 들으려고 하지 않고 내 뜻대로 지도하고 설득하려 해 상대의 기분을 상하게 한다.

내가 옳다는 생각으로 상대의 잘못을 따지거나 책망하고 훈계하는 태도로는 결코 누구와도 좋은 관계를 맺을 수 없다. 내 뜻에 맞지 않는 사람들과 뜻을 맞추어 나가는 자세, 뜻이 다른 이를 이해하는 자세로 살아 가는 것이 교만을 없애는 최고의 수행이다.

## 덕 베푼 것을 헌신처럼 버려라

공덕을 베풀려면 과보를 바라지 마라.
과보를 바라면 도모하는 뜻을 가지게 되나니
그래서 부처님께서 말씀하시되
'덕 베푼 것을 헌신처럼 버려라' 하셨느니라.

　자신에게 돌아올 이익이 전혀 없는데도 좋은 일을 하기란 어려운 일이다. '배신당했다'는 말은 내가 너를 도와주었는데 네가 어떻게 이렇게 무심할 수 있느냐는 마음에서 비롯된 감정이다. 이는 과보를 바라는 데서 비롯된 원망심이나. '절에 가서 보시하고 기도했는데 효험이 없더라'는 말도 과보를 바라고 한 기도였기 때문에 생긴 원망심이다.
　무엇인가를 바라면서 베풀었기 때문에 내 뜻에 차지 않는 대가가 돌아오면 원망심이 생기는 법이다. 공덕을 바라는 마음은 뭔가를 도모하기 때문에 반드시 괴로움을 동반하게 된다. 부모가 자식에게 베풀 때에도 도모하는 뜻이 있었기 때문에 나중에 자식에게 섭섭하여 '내가 너를 얼마나 힘들게 키웠는데 네가 내게 이럴 수가 있느냐'는 소리가 나오게 되는 것이다.

 서로 사랑하며 살아가야 할 부모 자식, 친구, 친척, 이웃 사이에서 좋은 일을 하고도 오히려 나쁜 결과를 빚는 일이 많은 것은 베풀었다는 생색내는 마음 때문이니, 모쪼록 공덕을 지었거든 그 마음 없이 베풀어야 할 것이다.

# 적은 이익으로써 부자가 되라

이익을 분에 넘치게 바라지 마라.
이익이 분에 넘치면 어리석은 마음을 돕게 되나니
그래서 부처님께서 말씀하시되
'적은 이익으로써 부자가 되라' 하셨느니라.

    사람들은 100원을 투자해서 1000원을 벌면 성공한 사업이라 하고, 100원을 투자해서 200원을 벌면 그저 그런 사업이라고 여긴다. 이런 마음이 커지면, 한 달 힘들게 일해서 버느니 도박 한 판 잘하면 된다는 요행을 바라는 심리가 일어나게 된다.

    정성을 들인 만큼 수확을 거둬들이는 농부는 자신이 일한 것보다 더 많이 얻기를 바라는 마음, 일확천금을 바라는 마음이 없다. 반면 장사를 하는 경우에는 요행에 빠지기 쉽다. 복권, 경마, 도박 등은 이익을 분에 넘치게 바라는 사람들의 마음이 빚어낸 결과물이다.

    그렇게 해서 번 돈은 어리석은 마음이 벌어들인 과보이므로 결국 그 돈으로 말미암아 고통을 받게 된다.

자신이 특별한 존재가 아닌 줄을 알면 괴로운 문제가 사라집니다.

# 억울함을 당하는 것으로 수행하는 문을 삼으라

억울함을 당해서 밝히려고 하지 마라.
억울함을 밝히면 원망하는 마음을 돕게 되나니
그래서 부처님께서 말씀하시되
'억울함을 당하는 것으로 수행하는 문을 삼으라' 하셨느니라.


상대가 나에 대해 잘못 알고 있다는 생각에 억울한 마음을 갖게 될 때가 있다. 그러면 변명을 하거나 싸우게 되고 상대를 원망하는 마음이 커지게 된다. 한번 원망하는 마음이 생기면 그 원망하는 마음이 끊어지지 않고 끝없이 되풀이되기 일쑤다.

내가 억울하다 싶으면 '네가 내 눈에서 눈물 나게 하면, 나는 네 눈에서 피눈물 나게 하겠다'고 말해야 속이 시원해진다. 내가 한 대 맞았을 때 나는 열 대쯤 때려야 분이 풀리겠다 싶으면, 다시 그 상대는 백 대쯤 때리려고 덤벼들 건 뻔한 이치다. 이렇게 되면 원한이 끝없이 이어지게 된다.

우리 주위를 둘러보아도 원망하는 마음이 많은 것 같다. 가슴 속에 원망하는 마음들이 많은데 다들 그 원망하는 마음을 해소할 길이 없어 괴로워한다.

원망하는 마음을 푸는 방법은 그 원망을 버리는 것이다. 내가 누군가를 미워하면 그 대상이 괴로운 것이 아니라 내 자신이 괴롭다. 따라서 미워하는 마음을 버릴 때 그 즉시 내 마음이 편안해진다.

만약 누군가 내 욕을 했다는 얘기를 들으면 그 순간 억울하다는 생각에 화가 날 것이다. 억울하다는 생각이 원망하는 마음이고 피해의식이다. 누군가 내 욕을 했다는 말을 들으면 '꼭 그런 뜻으로 말한 건 아니겠지'라고 이해하기도 하고, 그 사람과 충분한 대화로 풀기도 하고, 또 내가 잘못한 일은 사과할 줄 아는 인간관계가 참으로 소중하다. 그렇지 않으면 피해의식 때문에 인생이 더욱 괴로워진다.

그래서 억울함을 당하는 것으로 수행하는 문을 삼으라 하신 것이다. 억울함을 당할 때마다 '나를 수행시키려고 그러는구나' 하고 받아들이면 괴로움에서 쉽게 헤어날 수 있다.

## 역경을 통하여 부처를 이룰지어다

이와 같이 막히는 데에서 도리어 통하는 것이요
통함을 구하는 것이 오히려 막히는 것이니
그래서 부처님께서는 저 장애 가운데에서 보리도를 얻으셨느니라.
세상에 도를 배우는 사람들이 만일 먼저 역경에서 견디어보지 못하면
장애가 부딪칠 때 능히 이겨내지 못하여 법왕의 큰 보배를 잃어버리게 되나니
역경을 통하여 부처를 이룰지어다.

우리는 몸에 병이 없기를 바라고, 경제적으로 안정되기를 바란다. 공부할 때 장애가 없기를 바라고, 수행할 때 마장이 끼지 않기를 바란다. 일을 하면 수월하게 진행되기를 바라고, 인간관계에서도 내게 이익이 되길 바라고, 사람들이 내 뜻대로 따라주기를 바란다. 10원 투자해서 1000원 벌기를 바란다.

그런데 우리의 삶은 어떠한가? 병이 생겨 괴롭고, 가난하고, 공부하는 데 장애가 생기고, 마장이 끼어 일 진행이 안 되고, 인간관계에서는 손해를 보고, 남이 내 뜻을 거역하고, 남을 도와주고도 원망을 듣는 일

이 생긴다.

 그러나 바라는 마음을 버리면 어떻게 될까? 막히는 데에서 도리어 통하는 이치를 보게 될 것이고, 장애에 부딪칠 때 능히 이겨내게 될 것이다.

 세상을 살면서 부딪치는 이 열 가지 장애가 오히려 나를 행복으로 이끌어주는 양약이라 생각하고 역경을 뛰어넘으면 분명 부처를 이룰 수 있다.

 우리는 역경을 피해 편해지려고 하는데, 부처님은 오히려 그 역경을 이겨냄으로써 평안에 도달했다. 우리는 지옥을 피하지만 지장보살은 스스로 지옥을 택하였다. 이것이 보살의 수행 태도이다.

내 의식 속에 세상이 있고

세상 속에 내가 있으므로

세상을 좋게 만드는 것과

내가 깨닫는 것은 분리될 수 없다.

7장

사람·세상·자연

# 청정 국토

자연은 아름답고
사회는 평화롭고
개인은 행복한 세상.


청정 국토는 깨끗한 세상, 이상 세계를 말한다. 청정 국토에 사는 사람은 누구나 마음이 깨끗하다. 항상 기쁘고 즐겁고 사람들과 사이좋게 살아간다. 청정 국토는 자연환경이 아름답다. 자연은 아름답고, 사회는 평화롭고, 개인은 행복한 세상. 그런 세상을 청정 국토, 정토淨土라고 한다.

정토를 크게 셋으로 나눠보면, 첫 번째가 타방정토他方淨土다.

우리가 사는 이 세상은 개인은 괴롭고 사회는 혼란스럽고 자연환경은 깨끗하지 않다. 그런데 저 멀리 어딘가에 농사짓지 않아도 곡식이 저절로 자라고 나무에 과일이 주렁주렁 열리고 맑은 물이 흐르고 대지는 보배로 이루어진 곳이 있다. 그곳은 자연이 아름다울 뿐 아니라 사람들 사이에 싸움이나 갈등이 없다. 전쟁도 없고 굶주림도 없고 질병도 없다.

바람소리도 부처님 말씀, 물소리도 부처님 말씀, 새소리도 부처님 말씀, 오직 부처님 말씀뿐이다. 언제나 부처님을 공경하고, 무아無我와 무상無常의 이치를 자각하며, 오직 성불에만 관심이 있다. 동쪽으로도 그런 세계가 있고 서쪽으로도 북쪽으로도 남쪽으로도 저 위에도 아래에도 그러한 세계가 있다. 이곳이 타방정토다.

타방정토 중에서 가장 대표적인 정토가 서방에 있는 극락정토極樂淨土다. 극락정토에 있는 부처님은 아미타부처님이고, 그 부처님을 도와 중생을 인도하는 보살이 관세음보살이다. 그래서 사람들은 관세음보살을 청해서 그 국토로 인도되어 아미타부처님을 친견하고 마침내 성불할 것을 염원한다.

타방정토는 공간적으로 여기가 아니고 다른 곳이지만, 시간은 현재에 존재하는 정토다. 그래서 극락정토에 나기를 원하는 사람은 간절한 마음으로 그곳에 나기를 원하며 염불 정진을 한다. 그렇게 간절하게 그 세계를 그리워하고 그 세계에 나기를 원하며 아미타부처님 명호를 부르며 염불 수행을 하면 누구나 그곳에 태어날 수가 있다고 믿는다.

# 미래 세상

보살행을 해서 이 세상이 좋아지고
일체중생이 괴로움에서 벗어나야
비로소 내가 성불하게 된다.

두 번째는 미래정토未來淨土다.

저쪽 어딘가에 정토가 있어서 그곳으로 가야 되는 게 아니라, 우리가 사는 이 세계도 미래에 정토가 될 수 있다. 도솔천 내원궁에 있는 미륵보살이 이 세계에 하강하면, 그때는 이 세상이 개개인이 행복하고 사회가 평화로우며 자연 재해가 사라져 아름다운 정토가 될 것이다. 그 미래정토가 미륵정토彌勒淨土다. 미륵정토는 바로 우리가 사는 이 땅에 미래 언젠가는 이루어질 정토 세계다.

그런데 그 미륵부처님이 출현하는 시대에 태어나 깨우침을 얻으려면 십선행十善行, 열 가지 착한 행동을 해야 한다. 아무리 많은 사람이 서로 싸우고 죽이더라도 나는 살생하지 않아야 하며불살생不殺生, 많은 사람이

도둑질을 해도 나는 훔치지 않아야 하고不偸盜, 많은 사람이 삿된 음행을 해도 나는 삿된 음행을 하지 않아야 하고不邪淫, 많은 사람이 진실하지 못한 허망한 말을 해도 나는 거짓말을 하지 않아야 하며不妄語, 많은 사람이 도리에 어긋나며 교묘하게 꾸며대는 말을 해도 나는 하지 않아야 하며不綺語, 많은 사람이 서로에게 다른 말을 해 이간질을 해도 나는 하지 않아야 하며不兩舌, 많은 사람이 화를 내며 남을 욕하고 험담을 해도 나는 하지 않아야 하며不惡口, 많은 사람이 탐욕스럽더라도 나는 탐욕을 부려서는 안 되고不貪慾, 많은 사람이 화를 내더라도 나는 화내면 안 되고不瞋恚, 많은 사람이 인과의 도리를 무시하는 어리석은 견해를 가져도 나는 어리석음에 빠지면 안 된다不邪見. 이렇게 열 가지 잘못된 행을 버리고 열 가지 착한 행을 행하면 미륵정토에 태어날 수 있다.

  타방정토와 미래정토의 공통점은, 정토란 실제로 존재하며 구체적으로 이러이러한 조건이 갖추어진 세계라는 점이다. 그리고 그러한 세상을 만들기 위해 원을 세우고 노력해서 그 세계가 이루어지고 나면 그 세계를 만든 주체자가 성불해 부처가 된다는 점이다. 그러므로 보살행을 해서 이 세상이 좋아지고 일체중생이 괴로움에서 벗어나면 비로소 내가 성불하게 된다.

# 지금 이대로 아름다운 세상

내 마음속 번뇌가 사라지면
지금 이 세상 이대로 아름다운 세상이다.
내 마음 하나 깨끗하면 세상이 청정하다.

세 번째는 유심정토唯心淨土다.

정토가 타방이나 미래에 존재하는 게 아니라, 내 마음속 번뇌가 사라지면 지금 이 세상은 있는 그대로 아름다운 세상이 된다. 내 마음 하나 깨끗하면 세상이 청정하다. 이것이 유심정토다. 내가 깨닫는 즉시, 이 세상이 정토라는 것을 알게 된다.

사람들은 왜 정토 세상을 그리게 되었을까? 그것은 시간적으로 현재, 공간적으로 이곳이 괴롭고 자유롭지 못하기 때문이다. 이 괴로움에서 이 속박에서 벗어나고 싶은 것이다.

내 괴로움의 원인이 내가 사는 환경이나 사회적 조건 등 바깥에 있다면, 환경이나 사회적 조건이 좋은 세상으로 가면 내 괴로움은 사라진

살아 있다는 것이 행복입니다.

다. 실생활에서도 생활 여건이 더 좋은 곳으로 이사를 가거나 갈등이 있는 사람과 안 만나면 괴로웠던 부분이 상당 부분 해결되기도 한다.

예를 들어, 아프리카의 소말리아 같은 곳에 살다가 한국에 오면 굶주림은 해결된다. 이것이 타방정토다. 굶주리고 병들었던 가난한 제3세계 사람이 우리나라에 와서 살면서 밥도 먹고 병원에 가서 치료도 받으면 그 사람에게 이곳은 정토 세상이다. 타방정토는 이렇게 현실에 언제나 있다.

또 지금은 가난하지만 앞으로 사회가 발전해서 정토가 된다는 희망을 갖는 것은 미래정토를 꿈꾸는 것이다. 하지만 이 세상이 저절로 좋아지는 게 아니라 우리가 좋아지도록 만들어야 한다. 허물어진 집을 깨끗하게 수리하고 열심히 일해서 돈도 벌고 사랑하는 사람과 결혼도 하고 이렇게 노력하며 살다보면 시간이 지나면서 옛날보다 행복해질 수 있다. 그것이 미래정토다.

하지만 장소나 시간이 달라지지 않았는데도 내 마음 하나 바꾸니 내 삶이 좋아지는 것을 경험해 본 적이 있을 것이다. 생각 하나 바꾸었을 뿐인데 똑같은 별인데도 반짝이는 정도가 다르게 보이고, 똑같은 나뭇잎이고 똑같은 돌인데도 느낌이 전혀 다르다. 이제까지 함께 살았던 부모와 자식과 남편과 아내, 친구와 동료들이 전혀 다른 모습으로 다가온다. 객관적으로 아무것도 바뀐 게 없는데 내 마음이 바뀌면 이렇게 달라 보이고 좋아진다. 이것이 유심정토다.

타방정토·미래정토·유심정토 중 어느 하나만이 절대적인 것이 아니다. 실제로 이 세상에는 세 가지 정토가 다 있다. 사회적 조건이 좋은 데 가면 누구나 지금보다 좋은 생활을 하게 되며, 지금보다 조금 더 노력하면 앞으로 더 행복해지는 것도 사실이고, 지금 한 생각 바꾸면 바로 행복해지는 것도 사실이다.

불교에서 꿈꾸는 정토는 이 셋이 분리되지 않는다. 타방정토·미래정토·유심정토가 통일된 정토 세상을 꿈꾼다. 사람들은 누구나 이 땅에 더 나은 세상을 만들고자 하는 미래정토의 강력한 원을 가지고 있으며, 타방정토와 같은 좀 더 살기 좋은 완성된 정토에 가서 살기를 원한다. 또 한편으로 자기 마음을 잘 관리해 지금 이대로 행복하게 살 수 있다면 이곳이 바로 정토 세상이다. 이 셋은 어느 것이 맞느냐는 문제도 아니고 대립되는 것도 아니다. 우리의 삶 속에서 언제나 동시에 추구해가야 할 가치다.

## 의식 혁명

내 의식 속에 세상이 있고, 세상 속에 내가 있으므로
세상을 좋게 만드는 것과 내가 깨닫는 것은 분리될 수 없다.

사람에게는 저마다 각자의 바람이 있다. 건강하게 오래 살고 싶고, 자녀가 다 잘되기를 원하고, 먹고 사는 것이 언제나 풍성하기를 원한다. 그 바람이 이루어지면 기분이 좋다.

그렇다면 세상 모든 사람이 원하는 바대로 다 이루어지는 세상이 정토 세상일까? 사람은 누구나 최고 권력자가 되길 원하고, 다 일류대학교에 들어가길 원하고, 최고의 부를 누리길 원한다. 사람들의 이런 소원이 다 이루어진다면 세상은 틀림없이 큰 혼란에 빠질 것이다. 이렇게 가장 행복할 수 있는 쪽을 지향했는데 결과는 엄청난 불행을 가져오는 것, 이것이 우리가 갖고 있는 모순이다.

사회적 혼란에서 괴로움이 온다면 그 괴로움을 없애기 위해서는 사회적 혼란이 사라져야 한다. 사회적 혼란이 사라지려면 결국 개개인이 자기 욕구를 조절해야 한다. 자기 욕구를 절제하고 조절하는 것이 곧 자신을 행복하게 하는 길이다. 내가 사는 세상을 크게 전체적으로 볼 수 있다면 우리가 어떻게 살아야 행복해지는지 알 수 있다. 또 행복해지기 위해 열심히 노력하는데 왜 계속 재앙이 닥쳐오는지도 알게 된다.

이 세상이 정토 세상이 되려면 나부터 욕구를 절제하고 조절해야 된다. 행복에 대한 기준과 삶의 방식을 바꾸는 가치관의 전환이 있어야 한다. 일종의 돌연변이 현상 같은 의식 혁명이 먼저 일어나야 한다. 즉 깨달아야 한다.

마음은 경계 따라 일어난다. 사람들은 상황이 처음부터 좋았다면 내 마음이 이렇게 혼란스러울 리가 없다고 생각한다. 조금만 화가 나거나 조금만 일이 안 되어도 누군가를 탓하고 조건을 탓한다. 한마디로 경계를 탓한다.

그런데 사람들이 경계라고 말하는 세상은 우리 한 사람 한 사람이 모여서 이루어진다. 우리가 없으면 세상도 없다. 우리는 세상 속에서 살며 세상으로부터 배우고 그것을 다시 세상에 내놓는다. 바깥세상과 우리의 의식은 언제나 이렇게 주고받는다.

세상이 바뀌면 의식도 바뀐다. 세상이 좋아지면 우리도 좋아진다. 그런데 누가 세상을 좋게 만드는가? 세상을 좋게 만들려면 세상의 문제를 자각한 사람이 필요하다. 그 사람은 깨달은 사람이다. 그 깨달은 사람이 세상을 좋게 만들어 나가야 한다.

세상이 좋아지려면, '이렇게 해서는 안 된다, 세상을 다르게 살아야 한다'는 의식 혁명이 일어난 대중, 즉 깨달은 사람이 점점 늘어나야 한다. 처음 한 사람이 깨달았다면, 그 한 사람의 깨달음은 한 사람에게서 끝나는 것이 아니다. 깨달은 사람은 세상에 좋은 영향력을 행하므로 그다음 누군가가 깨닫기는 처음보다 쉬워진다. 그렇게 해서 한 명은 곧 두 명이 되고, 두 명은 곧 열 명이 된다. 이렇게 해서 세상은 정토 쪽으로 조금씩 움직이게 된다.

내 의식 속에 세상이 있고 세상 속에 내가 있으므로 세상을 좋게 만드는 것과 내가 깨닫는 것이 분리될 수 없다. 세상은 혼란스러운데 어느 순간 깨달아서 나만 좋아지면 된다는 주장이나, 아무리 깨달아도 세상 속에서 살다 보면 혼란스러움에 빠지니 세상이 바뀌지 않는 이상 깨달아봐야 아무 소용 없다는 주장은 둘 다 잘못된 생각이다. 세상이 아무리 혼란스럽더라도 그것을 벗어나는 돌연변이는 일어날 수 있다.

그리고 한 번 일어난 돌연변이는 그 자리에서 멈추는 게 아니라 이런 것들이 모여 세상에 영향력을 행사하고 세상을 조금씩 변화시킨다. 생물학적으로 시간이 흘러간다고 해서 그냥 진화가 이루어지는 것이 아니다. 어느 순간 돌연변이가 나타나고, 그 돌연변이가 우성이 되어 진화한다. 정신세계도 그와 마찬가지로 진화한다.

  수행 정진해서 자각하는 기회가 있어야 한다. 우선 한 사람이 자각하는 기회가 있어야 하고, 그 한 사람의 자각이 거기서 멈추는 것이 아니라 우리 사회로 옮겨져 다른 사람이 자각할 수 있도록 기회를 마련해야 한다. 처음에는 개인이 자각하도록 이끌고 더 나아가 제도를 개선하고 환경을 바꾸어 자각이 쉽게 일어나도록 이끌어야 한다.

  이렇게 된다면 개인의 자각이 먼저 일어나야 하느냐 세상이 먼저 좋아져야 하느냐 하는 분별은 끊어진다. 그것은 동전의 양면과 같이 언제나 함께 이루어진다.

# 맑은 마음, 좋은 벗, 깨끗한 땅

네가 살아야 내가 산다.
네가 행복해야
내가 행복하다.

　삶의 조건이 어떻든 세상이 어떻든 자연환경이 어떻든 일단 내 관념을 내려놓으면 내려놓는 순간 내 마음이 가벼워진다. 세상이 아무 변화도 없고 조건이 바뀐 것도 아니지만 내가 고집하던 것을 내려놓는 순간 마음이 고요해진다. 실직을 했든 시험에 떨어졌든 부모가 죽었든 상관없이 일단 마음이 밝아진다. 그리고 옆에 있는 사람들이 다 사랑스러워 보인다. 예전에 자신에게 인상 쓰고 욕한 사람도 귀여워 보이고 나뭇잎이나 지렁이도 다 소중해 보인다. 이런 깨달음은 어느 순간 한 개인에게 돌발적으로 일어나는 현상이다. 그러다가 어느 한순간에 다시 깜깜해져 버리기도 한다.

　깨달음이 지속되려면 첫째, 마음이 깨끗해야 한다. 욕심을 버리면 마음이 깨끗해진다.

둘째, 마음이 밝아야 한다. 착한 사람 중에 오히려 늘 슬퍼하고 울음이 많은 어두운 사람이 많다. 그것은 정에 얽매이기 때문이다. 정을 주지 말라는 것이 아니라 정을 끊고 마음을 밝게 가져야 한다는 말이다.

셋째, 마음이 가벼워야 한다. 자기가 일으키는 생각에 사로잡히지 말아야 한다. 생각에 사로잡히면 마음이 무거워진다.

이렇게 마음을 맑게, 밝게, 가볍게 가지는 것을 '맑은 마음'이라고 한다. 이 맑은 마음을 생활 속에서 늘 간직해야 한다.

그런데 이런 깨달음은 혼자서는 지속적으로 유지가 잘 안 된다. 그래서 맑은 마음을 가진 사람끼리 같이 지내야 한다. 그래야 상승 작용이 일어나 깨달음이 유지되고 더욱 좋아진다. 내가 상대를 깨우쳐주고 상대를 보고 내가 깨닫는 관계가 되어야 한다. 이는 네가 좀 더 많이 깨달아야 내가 더 깨닫게 되고, 네가 행복해야 나도 행복하고, 네가 살아야 나도 사는 관계다. 이것이 '좋은 벗'이다. 좋은 벗은 서로 경쟁하고 다투는 관계가 아니라 만나면 만날수록 서로에게 도움이 되어 자꾸자꾸 좋아지는 관계다.

무엇이든 혼자 껴안고 있지 말고 나눠야 된다. 기쁨도 나누어 주고 괴로움도 나누어 가져야 한다. 내 기쁨도 내놓고 상대의 기쁨도 받아들여 네 것 내 것 없이 나누어 가질 때 점점 더 좋은 관계가 된다. 언제 어

디서 만나는 사람이든 오고가는 말 속에 그런 마음을 느끼면서 살 수 있어야 한다.

내 가정이, 내가 속해 있는 집단이, 우리 사회가 이렇게 바뀌어 나가야 한다. 그러면 아직 자각이 덜 된 사람도 공동체 속에서 좋은 영향을 받아 좋은 쪽으로 변하게 된다. 그리고 이것이 사회적 흐름으로 전환되면 그 사회에서 태어난 아이는 그냥 그대로 좋은 것을 본받아 살게 된다.

사회는 좋은 벗의 관계여야 한다. 맛있는 것도 숨겨놓고 혼자 몰래 먹으면 맛이 없다. 아무리 좋은 것이 있어도 알아주는 사람이 없으면 재미가 없다. 서로 칭찬해 주고 알아주는 데서 사는 재미가 나는 법이다. 서로가 있음으로써 좋아지는 것이다.

우리의 삶이 이런 공동체로 전환되어 가야 한다. 가정이 공동체가 되어야 하고, 직장이 사회가 나라가 서로 도와주는 벗들의 공동체가 되어야 한다.

오늘날 사람들은 더 잘살기 위해 더 많이 소비하기 위해 개발이라는 이름으로 자연을 파괴한다. 그래서 결국 잘살아 보려고 한 일이 공기를 오염시키고 물을 오염시키고 식품을 오염시켜, 결국 안전한 먹을거리가 없어서 걱정이고 깨끗한 물이 없어서 걱정이고 맑은 공기가 없어서 겁나는 세상이 되어버렸다.

어떠한 개발 정책이든 자연을 파괴하지 않는 범위 안에서 이루어져야 한다. 자연이 정화시킬 수 있는 범위 안에서 개발이 이루어져야 지속적 성장이 가능하다.

'네가 살아야 내가 산다'는 연기법의 기본 관점을 잃지 말고 환경을 잘 살리고 보존해 깨끗한 땅 아름다운 자연을 일구어야 한다. 자연은 인간의 정복 대상이 아니라 인간 삶의 터전으로서 인간과 자연은 조화와 균형을 이루어야 한다.

# 붓다의 근본 가르침으로 돌아가다

붓다의 근본 가르침으로 돌아가
'바른 불교, 쉬운 불교, 생활 불교'를 행한다면
누구든 일상 속에서도 해탈과 열반을 증득할 수 있다.

오늘날 우리나라 불교는 부처님의 근본정신에서 많이 어긋나 있다. '내 자식 잘되게 해달라', '오래 살게 해달라'는 식의 기도는 현실 세계의 고통을 근원적으로 해결할 수 없다. 고통을 근원적으로 해결하려면 부처님의 근본 가르침으로 돌아가야 한다. 불교의 참된 신앙을 회복해야 한다.

승려, 신도 모두 불교의 근본정신으로 돌아가야 한다. 신도는 잘못된 불교를 하든 말든 소수의 승려만 바르게 수행하면 되는 그런 불교가 아니라, 모든 불교인이 불교의 근본 사상으로 돌아가는 불교여야 한다. 이것이 '바른 불교', 즉 불교의 지성화다.

바른 불교는 내 관념을 깨뜨리고 언제나 법의 실상을 보는, 붓다의 근본 가르침을 놓치지 않는 불교를 말한다. 깨달음이라는 근본을 놓치고 현상에 안주해 버리거나 기복으로 빠져서는 안 된다.

그런데 무아, 무상, 공과 같은 불법의 근본 교리를 이론적으로 주장하다 보면 대중은 불교를 어렵게만 느끼게 된다. 그래서 부처님은 중생의 근기에 따라 여러 가지 방편을 설하셨다. 남녀노소 저마다 자신이 놓인 처지에 맞게 출발해 결국에는 근본에 이르도록 하는 것이 부처님 가르침이다. 그러므로 근본 불교는 각각 중생의 괴로운 현실 문제가 해결되는 것에서 출발해야 한다. 이것이 '쉬운 불교', 즉 불교의 대중화다.

그런데 현실에서는 근본을 강조하면 소수의 엘리트 중심이 되기 쉽고, 대중화를 주장하면 대중의 요구에 맹목적으로 따라가 대중의 인기에 영합하다가 근본을 놓치고 세속화의 길로 가기 쉽다.

또 하나 유의해야 할 것은 진리가 우리의 일상생활과 관계 없는 별개의 것이라는 생각이다. 이런 생각 때문에 불교가 일상생활과 유리된다. 세속을 떠난다는 것이 사회생활과의 단절을 의미하는 것이 아니다. 부처님의 가르침은 밥 먹고, 학교 가고, 직장에서 일하고, 집안일하는 일상 속에 있으므로 내가 생활하는 바로 이곳에서 수행이 시작되어야 한다. 이것이 '생활 불교', 즉 불교의 생활화다.

붓다의 근본 가르침으로 돌아가 '바른 불교, 쉬운 불교, 생활 불교'를 행한다면 누구든 일상 속에서 해탈과 열반을 증득할 수 있다.

# 정토를 일구는 사람

수행·보시·봉사를 하는 사람.
이 땅에 정토를 이루고야 말겠다는, 원을 가진 사람.
그 원을 이루고자 살아가는 사람.

이 땅에 정토를 이루고자 하는 사람은 어떻게 수행해야 할까?
먼저 일단 자기 혼자서라도 수행하면 된다.
그리고 뜻이 맞는 사람들이 함께 모여 수행하면 더 좋다.
나아가 뜻이 맞지 않는 사람들까지도 함께 할 수 있는 수행을 한다면 이것이 보살행이다.
이 보살행은 세상 사람들이 따라주든 안 따라주든 그냥 하는 수행이다. 이 수행은 다른 사람을 이롭게 하고, 다른 사람이 정토로 가도록 터전을 만들어주는 수행이다.
보살 수행은 먼저 자기 마음 관리를 잘해야 한다. 이것이 수행이다. 보살행은 자기 마음을 편안하게 할 뿐만 아니라 다른 사람에게도 이롭게 베풀어야 한다. 즉, 보시를 해야 한다. 그런데 가진 재산을 베푸는 것으로 끝나서는 안 된다. 내가 가진 재능으로 직접 남을 도와야 한다. 이것이 봉사다.

'수행·보시·봉사'는 하는 순서가 따로 정해져 있지 않다. 넘어진 아이를 일으켜 세워주면 봉사고, 배고픈 사람에게 밥 한 그릇 주면 보시고, 다른 사람이 나를 욕할 때 대응해서 화를 내지 않으면 수행이다.

이렇게 수행하고 보시하고 봉사하는 이유는 정토 세계를 이루고자 함이다. 이 땅에 정토를 이루고야 말겠다는 원을 갖고 있는 사람, 그런 원을 이루고자 살아가는 사람, 그가 바로 정토를 일구는 사람이다. 정토를 일구는 사람은 일상적으로 수행·보시·봉사를 행하는 보살행을 닦는 사람이다.

**책을 닫으며**
# 한 알의 보리수 씨앗

여기 씨앗이 두 개 있습니다. 하나는 콩 씨이고 다른 하나는 보리수 씨앗입니다. 겉만 보면 모양과 크기가 비슷합니다. 하지만 씨앗 속에 잠재되어 있는 본질은 매우 다릅니다.

콩 씨앗은 싹이 트고 자라 일 년도 못 가서 말라 죽지만, 보리수 씨앗은 점점 자라 오랜 세월 동안 사람들에게 쉴 곳을 마련해 주는 큰 나무가 됩니다.

우리가 하는 일 역시 이와 같습니다. 작은 이익을 욕심내며 살아간다면 우리는 금방 꽃 피고 열매 맺고 시고 마는 일년생 콩 넝쿨이 될 것입니다.

하지만 지금은 비록 보잘것없어 보일지라도 그 원이 진실하고 굳건하다면 많은 사람에게 큰 도움을 줄 수 있는 보리수나무가 될 것입니다.

이 책 역시 한 알의 보리수 씨앗이 되기를 바랍니다. 낯선 곳 낯모르는 이들에게 가서 아름드리 큰 보리수나무로 자라나길 기원합니다.

법륜

지금 당장 내 눈을 뜨는 것이 먼저다.